進化する

キャリアオーナーシップ

富士通ラーニングメディア

はじめに

人生100年時代を迎え、新卒一括採用や終身雇用、年功序列といった、これまでの日本社会で「常識」とされてきた働き方が曲がり角を迎えています。加えて、テレワークやワーケーションなど柔軟な働き方によりワークライフバランスの実現を目指す「働き方改革」が、コロナ禍を機に急速に浸透しつつあります。

こうした社会環境の激変を経て、近年、企業も個人も「働く」ことや、「キャリア」に対する意識が大きく変化しています。

企業の経営層や人材戦略部門、管理者層などでは、組織に属する個人の働く意欲やキャリアへの意欲をいかに高め、いかに組織全体の価値向上につなげていくかを、重要な経営課題と位置付け、その解決に取り組んでいます。一方で、個人の間にも、先行きの不透明さが増す中で、いかに自身のキャリアを描いていくべきかという課題意識が広がっています。

このように、キャリア開発を支援する側と実践する側、双方が課題意識を抱えているものの、両者の間でキャリアに対する認識や捉え方が一致せず、人事施策に齟齬が見られるケースも少なくないようです。

富士通では、社員一人ひとりが、よりよい生き方や働き方について自ら考え、舵を取る「キャリアオーナーシップ」を重視し、その浸透が組織全体の価値向上に貢献することを、膨大なデータを通じて確認してきました。そうした経験から、組織と個人がキャリア開発に関する意識を共有し、共に成長できるサイクルを実現することが重要だと気付きました。

本書は、こうした富士通の経験をベースに、組織と個人がどのような関係を育めばよいのか、支援する側と実践する側の双方にヒントを得ていただくことを目的としています。

本書の構成は、以下の通りです。

第1章では、富士通の人事責任者と、キャリア論の専門家による対談を通じて、「キャリア」や「キャリアオーナーシップ」について基本的な考え方をお伝えします。

第2章では、富士通が実践してきた様々なキャリアオーナーシップ施策をご紹介します。各施策の具体的な内容に加え、「促進・支援する側」と「実践する側」が、それぞれの立場で施策をどう捉えているのかをお伝えします。

第3章では、様々な企業や個人にフォーカスします。それぞれの立場や視点からキャリアオーナーシップに対する「生の声」をお届けし、正論に留まらないリアルな考え方を共有します。

第4章では、第1章から続く対談により、企業経営という視点から人的資本経営とキャリアオーナーシップのかかわりについて述べていきます。
最後に終章として、改めて本書のメインテーマに立ち戻り、キャリアについて組織と個人がどのような関係を育めばよいのか、取材によって得られた気付きを踏まえて、お伝えします。

本書全体を通じて、多面的な視点から「キャリア」や「働き方」についての考え方を紹介できるよう留意しました。経営層や管理者層、一般社員といった階層を問わず、キャリア形成に関する現状に課題意識を持つすべての方にとって、本書が現状を打破し、よりよい環境、よりよい未来を導くヒントになれば、望外の喜びです。

2024年3月　富士通ラーニングメディア

※本書の取り組みは富士通グループ全体を対象としたものです。文中に「富士通」とある場合も「富士通グループ」を示しており、富士通株式会社のみについて触れる場合は「富士通本体」などと表記します。

はじめに　3

第1章
なぜ、いま、キャリアオーナーシップが必要か　11
対談　平松CHRO×田中教授（前編）
テーマ1　これからのキャリアとキャリアオーナーシップ
キャリアとは、時間軸と周囲との関係性で捉えるもの／キャリアとは、仕事だけではなく人生そのもの／組織に与えられるキャリアから自律型のキャリア開発へ
コラム1　経済産業省が定義する「キャリアオーナーシップ」と『人材版伊藤レポート』
テーマ2　キャリアオーナーシップが必要な理由
キャリアオーナーシップが組織全体のパワーになる／キャリアオーナーシップの本質は、変化への適応／キャリアオーナーシップは人生100年時代の新しい働き方
コラム2　田中研之輔氏が提唱する「プロティアン・キャリア」とは
テーマ3　キャリアオーナーシップが個人と組織の可能性を広げる
キャリアはビジネスと同様に戦略として考える／自己を固定化せず、マルチアイデンティティで捉えることが滞留を防ぐ／求められるのは、会社と社員が対等だという意識改革／社員を自社に囲い込むよりも、社会全体で人材の流動性を高める
コラム3　「キャリアオーナーシップとはたらく未来コンソーシアム」に集う企業

第2章 キャリアオーナーシップ実現に向けた富士通の挑戦

43

1 「働き方改革」から「Work Life Shift」へ
自らクリエイティビティを発揮できる人材こそ、富士通の競争力の源泉／制度とICT、職場の意識改革が「三位一体」となった働き方改革／コロナ禍を機に、新たな働き方「Work Life Shift」を推進

2 DX企業への転換に向けた、人材マネジメントのフルモデルチェンジ
時田社長の宣言に込められた「富士通を変える」という強い信念／「ありたい姿」の実現に向けて、人材マネジメントのフルモデルチェンジを推進／全社と個人のパーパスに紐付けられた新たな評価制度「Connect」／ポスティング拡大がもたらすオープンでチャレンジングな風土

3 キャリアオーナーシップ支援策の充実
「Fujitsu Career Ownership Program (FCOP)」とキャリアオーナーシップ支援部／「キャリアCafe」や「Jobチャレ!!」「Assign Me」など独自の施策を展開／キャリアオーナーシップイベント「Career Ownership Days」／「キャリアオーナーシップ診断」で見えてきた課題

4 社内外からの評価と、キャリアオーナーシップの新たな展開
社内外からの確かな評価を糧に、キャリアオーナーシップのさらなる浸透を目指す／「Work Life Shift 2.0」など、次なるステージへの取り組み／キャリアオーナーシップ＝セルフィッシュではない／キャリアオーナーシップ推進に求められる経営者の覚悟

第3章

それぞれの立場から見たキャリアデザイン

討論会　実践者が語る、富士通のキャリアオーナーシップ施策

「キャリアCafe」で受けた刺激が、仕事への取り組み方を変えた／多様なポスティング制度を活用して、自身の活動領域を拡大／パラレルキャリアで活躍する人材を社内外で育てる／パーパスカービングで気付いた「本当にやりたい仕事」／世代を問わず実感する、富士通の変化／読者へのメッセージ

クロストーク1　「つながり」が創る社員のキャリアと組織のカルチャー

対話の文化が社員のキャリアを創る／選択しない勇気と踏み出す勇気／互いのモヤモヤと向き合うことで醸成してきた関係性／リフレクションと対話が生み出した「人が引き合う組織」／対話を起点とした「社員のキャリア開発」と「組織のカルチャー醸成」

クロストーク2　勤続33年の会社員と、5社を経験する会社員が語る「働く」ということ

「一つの会社で歴史を築いてきた田中さん」と「想いを持ち場所を変えてきた大竹さん」／選択肢がなくなる不安を、新たな挑戦への原動力に／キャリアを「掛け算」しながらユニークな自分を育てる／「仕事」と「活動」のバランスがもたらす心の充実／重ねたキャリアで「今後のキャリアの捉え方」が変わる／可能性に柔軟でいること

クロストーク3　言葉が未来を創る
人に寄り添ってきた二人のキャリア／「挫折」と「死生観」がもたらした転機／学びのプロセスがもたらす世界が広がる楽しさ／言葉という最強の味方／「言葉」でキャリアをサポートする／多様な世界だから問いを自分に向ける

第4章
対談　平松CHRO×田中教授（後編）
キャリアオーナーシップから考える人的資本経営
テーマ4　人的資本経営時代に求められる人事組織のあり方
人的資本経営に欠かせない、人事部門の改革とCHROの存在／CHROがステークホルダーに伝えるべきストーリーとは／キャリアオーナーシップが人的資本経営を牽引する
コラム4　平松CHROが日本の人事部「HRアワード」を受賞
テーマ5　富士通のCHROラウンドテーブルが導くもの
個社での取り組みにとどまらずに各社のCHROが語り合う社会的意義／多様な人事施策の意義を一貫したストーリーで描く「人的資本価値向上モデル」／データ企業の強みを活かして、人的資本経営のエビデンスを社会に発信していく
コラム5　CHROラウンドテーブル参加者の声

テーマ6　キャリアオーナーシップが導く企業と社会の未来

人材一人ひとりのポテンシャルを最大化させる組織を目指してほしい／キャリアについて、もっと自由に語り合おう／成長の可能性を「人材」に見いだせば、日本の未来は決して暗くない

コラム6　富士通が実践したカルチャー変革の軌跡を紹介する『社内SNSを活用して企業文化を変える　やわらかデザイン』

終章

個人と組織が共に豊かな未来を創るために

キャリアオーナーシップは個人と組織に何をもたらすのか／環境変化に適応するために、既存の判断軸や価値基準を疑い続ける／多様な価値観が共存し、互いに理解し合う健全な風土づくり／「人と組織の未来を共に創る」ための一石を投じたい

第1章

対談　平松CHRO×田中教授（前編）

なぜ、いま、キャリアオーナーシップが必要か

本章では、昨今の時代背景や環境変化を踏まえながら、本書全体の基本テーマである「キャリア」や「キャリアオーナーシップ」について考えていきます。

富士通のＣＨＲＯ（最高人事責任者）として人事制度改革を牽引する平松さんと、法政大学でキャリア論を教えるかたわら、多くの企業で顧問を務める田中さんに話を聞きました。机上の理論にとどまらない、実践に裏付けられた確かな言葉の数々が、社員のキャリア開発に悩む経営層や人事担当者と、自身のキャリア開発を考える個人の双方に、大きなヒントと勇気を与えられればと期待しています。

富士通株式会社
執行役員EVP CHRO

平松《ひらまつ》 浩樹《ひろき》氏

1989年富士通株式会社に入社。2009年より役員人事の担当部長として、役員人事・グローバル役員報酬の制度企画・指名報酬委員会の立ち上げ等に参画。2018年より人事本部人事部長としてタレントマネジメントや幹部社員人事制度の企画、ジョブ型人事制度の企画を主導。2020年4月より執行役員常務として、ジョブ型人事制度やニューノーマル時代の働き方、オフィス改革などに取り組んでいる。2022年より現職。

法政大学
キャリアデザイン学部
大学院教授　博士
（社会学:専門はキャリア論）
一般社団法人プロティアン・
キャリア協会代表理事

田中《たなか》 研之輔《けんのすけ》氏

一橋大学大学院社会学研究科博士課程を経て、メルボルン大学、カリフォルニア大学バークレー校にて客員研究員、日本学術振興会にて特別研究員（SPD:東京大学）を務める。大学と企業をつなぐ連携プロジェクトを数多く手掛けるとともに、民間企業において社外取締役・社外顧問を30社以上歴任。代表作は『プロティアン―70歳まで第一線で働き続ける最強のキャリア資本術』『キャリア・ワークアウト』（いずれも日経BP）など。

テーマ1　これからのキャリアとキャリアオーナーシップ

キャリアとは、時間軸と周囲との関係性で捉えるもの

――はじめに、読者の皆さんと、キャリアやキャリアオーナーシップについての基本的な捉え方や向き合い方について認識を合わせたいですね。時代とともにキャリアの定義や認識が変化しており、現在では立場や世代によって、それぞれ異なる考え方があるように思います。まずは田中先生から、キャリア論の専門家としての知見を踏まえて、改めてキャリアとは何かを語っていただけますか。

田中　企業の経営者や人事部門の皆さんと話していると、キャリアについて多くの認識のズレがあるというか、昔のキャリア論を引きずっているのを感じます。例えば、かつてはキャリアというものを過去、つまり「これまで何をやってきたか」で捉えがちでしたが、それだと半分の理解にしか過ぎません。私はキャリアとは過去の実績と未来の構想、いわば未来に向けてつくっていくものと捉えていて、特に「これから何をしていきたいか」という個人の想いを重視しています。

平松　私も長く人事畑で働いていて、かつての人事部門にあったキャリアの捉え方には違和感

を覚えていました。私が入社した1980～1990年代は、新卒で入社し、課長になって、部長になってという道筋だけを、狭い意味でのキャリアと捉えるのが、富士通に限らず一般的でした。ただ、社会も企業もどんどん変化していく中で、例えば「何年後にこのポジションを目指す」といっても、そのとき、そのポジションが存在しているとは限らないのではないか。また、やがて会社を辞めるときがきて、自身のキャリアを振り返った際に、どのポジションに就いたかよりも、その時々に楽しく働けていたか、会社やお客様、社会に貢献できたか、といった仕事に対する達成感や満足感の方が、より強く印象に残るのではないか。そうしたことを考えたとき、もっとキャリアという言葉を広く捉えていくべきではないかと感じました。

――そんな違和感を持ちつつ、平松さん自身は、どのようにキャリアに向き合ってこられたのでしょうか。

平松　キャリアとの向き合い方は人それぞれだとは思いますが、私はロールプレイングゲームに近い世界だと感じています。というのも、自分で何でもできるという人間ではなかったので、周囲の皆さんのよいところを真似したり、困ったときに協力してもらえるような関係性を築いたりして、それを積み重ねることで、少しずつ自分の武器や道具が増えて、できる仕事や見える世界が広がっていきました。こうした経験こそ、私にとってのキャリア開発であり、無理して本部長や役員を目指すことに意味はなく、周囲との関係性の中で得られる充実感の方が、自分の人生にとって大切なのだと気付きました。

田中　今の平松さんの言葉には多くのキーワードが詰まっていて、一つは、キャリアを時間軸で捉えるということ。過去から現在、そして未来という時間軸、それもこれまでのように直線的ではなく、幅広い可能性や選択肢も見据えながら、いわば螺旋的に捉えるものという理解が非常に重要です。もう一つ大切なのが、まさに平松さんが実践されてきたように、周囲との関係性で捉えるという考え方で、専門的には「リレーショナル（関係論的）・アプローチ」といわれます。関係性とは、自分と同僚、自分と部署、自分と会社など、いろいろなレイヤーが考えられますが、こうした関係性をよりよくしていくことがキャリア開発だという捉え方。特に近年では、組織内でのポジションアップよりも、内面的な達成感や満足感がより重視されていると感じています。

キャリアとは、仕事だけではなく人生そのもの

――周囲との関係性や内面的な満足感がキャリアに影響を与えるとすると、職場の雰囲気や人間関係だけではなく、社外の人脈、ひいては家庭などプライベートでの人間関係も含めて考える必要がありますね。

田中　まさにその通りで、キャリアがビジネスシーンにおける仕事の実績というのも、誤解の一つだと考えています。最近だと「ライフキャリア」という言葉もあるように、キャリアというのは仕事を取り巻く人生すべての過程と捉えるべきです。その意味では、結婚や出産、育児、介護など、ライフイベントの中でのキャリアを捉えることが、これからの日本企業において重要な考え方になると思っています。

平松　かつては仕事とプライベートは切り分けて考えるという価値観が一般的でしたが、プライベートを充実させること、そのために何が必要かを考えること自体が、人生の豊かさにも、また人間的な魅

力にもつながるといった意識に少しずつ社会全体が変わってきていると感じています。キャリアというものをより広く捉えて考え、行動することで、一人ひとりの可能性がものすごく広がっていくのではないでしょうか。

田中　ひと昔前というか、20年ぐらい前の日本の勤労モデルは、バリバリ働いている人と、我慢して働き続けている人とに二極化されていて、どちらもアフター5は毎日飲みに行って、そこが楽しいのは共通しているみたいな風景がありましたが、もうそこから脱却する必要があると考えています。私がこれからの社会に広げていきたい勤労モデルが二つあって、一つはワークライフバランス。これはかなり浸透しつつあって産休や育休などの制度を活用して、ライフイベントと合わせながらキャリアを形成していくという考え方が多くの企業に広がっています。その先にもう一つ、平松さんたちと一緒に実現していきたいと思っているのが、ワークライフインテグレーション。仕事というのはライフと別個にあるのではなく、ライフの中に含まれるもの。だからオンとオフを区別するのではなく、ある種の一体感を持ってセルフマネジメントを行い、今をしっかり充実させるという意識が大切です。

組織に与えられるキャリアから自律型のキャリア開発へ

――「過去だけではなく未来」「直線的ではなく螺旋的」「仕事だけではなくライフも」など、キャリアの捉え方がいろいろな意味で変化してきたとのことですが、キャリアへの向き合い方としても、『人材版伊藤レポート』などを機に、キャリアオーナーシップが注目されています。一般的には「個人が自らのキャリアに主体性（＝オーナーシップ）を持って取り組むこと」と説明されているようですが、田中先生はどのように伝えられていますか。

田中　まず、お伝えしたいのは、キャリアは組織から与えられるものではなく、自ら生み出していくものだということ。この意識を、世代を問わず、すべてのビジネスパーソンが持つべき時代が来ていると強く感じています。そこに率先して取り組んでいるのが富士通ですが、平松さんご自身は、どういう風にキャリアオーナーシップを捉えていますか。

平松　「キャリアは自分でつくる」という言葉には、すごく共感しますし、そうあるべきだと思います。冷静に考えれば、自分のキャリアなのだから、他人任せにせずに自分でつくるのが当たり前ですが、これまでの日本企業は、その当たり前のことを当たり前にさせてこなかったというのが本質的な問題ではないでしょうか。私自身、かつては異動や昇進などは会社や上司が決めることで、自分でキャリアについて考えても意味がないという意識がありました。けれど、仕事にやりがいを感じられたり、自分の成長を実感できたりするのは、やはり自分がオーナーシップを持っているときなのですね。自分で仕事を生み出し、目標を定め、周囲を巻き込んでいるときは、すごく大変だけど、やりがいがあって成長もできる。一方で、やらされ感で取り組んでいると、仕事もつまらないし、成長どころか、ただ疲弊しているだけ。そうした感覚の違いから、キャリアとは受け身ではなく、自らアクションを起こしてつかみ取るものだと気付いたのです。

田中　平松さんはご自身で気付かれたわけですが、かつての日本企業は上意下達型の組織が一般的で、社員のキャリアは組織がコントロールするもの。社員はキャリアのことなど考えずに、ただ上司の指示に従う歯車でいればよいと、言葉はやや強いですが「洗脳」していたわけですよね。ところが、時代の変化とともに、そうした洗脳は解けつつあって、今の20代や30代にはキャリアオーナーシップが普通のことになりつつあります。企業にとっても、技術の進歩とともに歯車的な働き方は不要になりつつあって、ChatGPTなど生成AIに象徴されるように、テクノロジーが代替してくれるわけですから、これからは自分で仕事を生み出す社員が必要になってくる。そのときに上意下達の組織が残っていると、社員の間にも「僕は歯車でいいです」みたいな雰囲気が残ってしまうので、これはもう社会全体で洗脳を解いていく必要があるわけです。その点、富士通はこの三年間、一連の人事改革プロジェクトを通じて、誰だって手を挙げられる組織や風土を実現されてきました。

これはすごく大きなうねりだと思うので、洗脳された人を解放するためのヒントになればと思いますね。

平松　社員がそういうマインドになるための基本は「自分への問い」だと思います。今の仕事が楽しいのか、どうしたら楽しくなるのかを考えていけば、自然とポジティブにアクションするようになるはずです。かつての日本企業には「仕事なのだから、楽しむとかいうのはおかしい」といった、どこか修行みたいな風潮がありましたが、これでは楽しんでやっている組織に勝てるわけがありません。スポーツと同じで、根性論で努力を強いられるチームと、一人ひとりが楽しみながら、どうやったら強くなるかを考えているチームとでは、勝負にならないですよね。ですから、企業にとっても、社員にとっても、キャリアを考えるうえで、キャリアオーナーシップを持つという発想がなければ、そもそもスタート地点にすら立てないのではないでしょうか。オーナーシップを持つことで、自然と楽しみたいという気持ちが出てくるし、周囲や将来のことにも目が向いていく、それが自分でキャリアを作っていく醍醐味だと思っています。

column 1

経済産業省が定義する「キャリアオーナーシップ」と『人材版伊藤レポート』

「キャリアオーナーシップ」とは、個人が自らの意思で、主体的にキャリアに取り組むことで、「キャリア自律」とも呼ばれています。近年、注目を浴びてはいるものの、まだ歴史の浅い言葉ですから、馴染みが薄いという方も少なくないでしょう。

公的な定義としては、経済産業省による以下2つの説明が代表的です。

> **個人一人ひとりが「自らのキャリアはどうありたいか、如何に自己実現したいか」を意識し、納得のいくキャリアを築くための行動をとっていくこと**
> 出典：「我が国産業における人材力強化に向けた研究会」報告書（経済産業省　2018年）

> **個人が自らの問題意識を持ち、学び、働くことを通じて、自らの「羅針盤」をもってキャリアを構築していくこと**
> 出典：キャリア教育アワード・キャリア教育推進連携表彰趣旨（経済産業省　2022年）

キャリアオーナーシップが注目されるきっかけとして知られているのが、2020年9月に公表された『人材版伊藤レポート』です。このレポートは、人的資本経営の推進を目的として、2020年1月に経済産業省が設置した「持続的な企業価値の向上と人的資本に関する研究会」の報告書です。

そこでは、企業に対して「画一的なキャリアパスを用意するのではなく、多様な働き方を可能にするとともに、働き手の自律的なキャリア形成、スキルアップ・スキルシフトを後押しすることが求められる」と指摘するとともに、個人に対しても「キャリアを企業に委ねるのではなく、キャリアオーナーシップを持ち、自らの主体的な意思で働く企業を選択することが求められる」と訴えています。

人材の価値がこれまで以上に問われる時代を迎え、キャリアオーナーシップは、企業を経営する側にとっても、また社会で働く個人にとっても、注目すべき考え方だといえるでしょう。

テーマ2 キャリアオーナーシップが必要な理由

キャリアオーナーシップが組織全体のパワーになる

――ここまでの対談で、キャリアとは何か、キャリアオーナーシップとは何か、基本的な認識が共有できたと思います。ここからは、キャリアオーナーシップの意義や必要性について、より具体的に語っていただければと思います。

田中　キャリアオーナーシップに対してはけっこうな誤解があるので、まずはそこを解消したいと思います。キャリアオーナーシップを持つ社員は、周囲の都合を考えずに、自分の都合だけで異動や転職するといった、どこか利己的なイメージで語られることが少なくありません。これはとんでもない誤解で、実際には、先述したようにキャリアとは周囲との関係性で考えるものですから、社員が主体的にキャリア形成に取り組むことで、周囲との関係性がよりよくなり、それが集合的なパワー、エネルギーとなって組織全体をポジティブにしていくわけです。「人的資本経営」といわれているように、組織の成長を左右するのが、組織を構成する個人のありようであって、いかに個人と組織の成長を紐付けるか、各社で様々な工夫や仕掛け、アプローチが試されています。なかでも先駆的な取り組みをされてきたのが富士通ですが、平松さんはどのような認識で取り組まれてきましたか。

平松　私は富士通の人事責任者として、富士通の社員はもっと成長できる、変わろうと思えば変われる可能性を持っていると信じてきました。それが確信できたのが近年のコロナ禍でした。原則リモートワーク化など働き方が大きく変化する中で、社員の皆さんは最初、不安を抱えていたと思います。しかし、すぐに変化に適応し、しっかりとお客様をサポートしながら、業績面でも成果を出す姿を目の当たりにしたわけです。とはいえ、その可能性を全員が活かしきっているわけではないことも確かで、そこには社内の仕組みと個人のマインド、両方に課題があると認識していました。仕組み面の課題としては関係性の改善、つまり会社と社員が対等で、お互いの魅力を高め合う関係にしなければいけない。マインド面の課題としては、まさにキャリアオーナーシップで、会社に決められるのではなく、自分の意思で変えられる、変われるのだという意識を持つことが重要になる。この両面を一緒に改善しなければという想いで取り組んできました。

キャリアオーナーシップの本質は、変化への適応

田中　平松さんの言葉にあるように、昨今のビジネスシーンでの大きなテーマが「変化」です。「ＶＵＣＡの時代」といわれるように、新聞などのメディアにしても、リアルのビジネス現場でも、誰もが大きな変化を実感していて、この変化にどう向き合うかがキータームに

なっています。そこでの対応は大きく二つに分かれていて、変化を人ごとと捉えるのか、それとも自分に起きている変化として捉えるのか。キャリアオーナーシップを持つために求められるのは、もちろん後者です。私は著書などで「アダプタビリティ」という言葉を用いていますが、「アダプト」とは変化に適合していくという意味で、過去の経験や実績を否定する必要はないけれど、時代の変化に応じて自分もバージョンアップしなければならないと説明しています。平松さんが「富士通の社員は変われる」といわれたように、自分の可能性を信じて、これまでの経験の延長線上と、この変化で求められていることのギャップを主体的に埋めていく、これがキャリアオーナーシップの本質だと思います。

平松　企業を取り巻く環境変化について、富士通を含むＩＴ業界を例に述べると、かつての高度成長期には、米国の巨大ＩＴ企業に追いつけ追い越せという目標があり、社員もその達成に向けて一丸となるという、ある意味で単純な構図でした。それが近年では、テクノロジーが劇的に進化し、お客様や社会の課題も複雑さを増す中で、私たちは明確な正解がない課題、あるいは何が課題なのかもわからない状況と向き合っている。いわば「Ｈｏｗ」ではなく、「Ｗｈａｔ」や「Ｗｈｙ」を考え、それをビジネスに結び付けていくという発想が必要な時代になっているわけです。そんなときに、受け身の態度や、やらされ感で仕事に臨む社員では成長できませんし、そもそもビジネスになりません。特に富士通のように、多様なテクノロジーがあって、多様なお客様がいる会社だと、一人のカリスマに周囲がついていくスタイルではなくて、社員一人ひとりが主体的に価値を生み出す会社に変わらなくてはならない。そう考えたときに、やはりキャリアオーナーシップが重要になります。

――なるほど。与えられた課題をいかに（How）解決するかではなく、何を（What）やるべきか、なぜ（Why）やらないといけないのかを考える方向に、仕事の質が変化しているというわけですね。

田中　今の話は決して富士通やＩＴ業界に限ったことではなく、すべての日本企業に当てはまります。というのも、労働人口の減少によって、決定的に人が足りなくなっているのです。危機感を煽るつもりはありませんが、今の人口構造を見ていると、一人ひとりが三人分働かないといけない。もちろん、労働時間を増やすなど、業務過多にするのではなく、リモートワークやＡＩなどテクノロジーを駆使して効率を上げ、三倍のアウトプットを実現していくわけです。これを組織の一人ひとりが実践すれば、1万人の会社であれば3万人分、10万人の会社であれば30万人分のパワーが出せる。このためにもキャリアオーナーシップが必要だと思っています。なぜかというと、組織というのは集団なので、どうしても停滞してしまう。10人いれば、すごいパワーで活躍している人は数人で、残りは周囲の様子を見て「この程度でいいか」と調整してしまうわけです。こうした停滞を防ぐには、一人ひとりにオーナーシップが必要になります。もちろん、それぞれバラバラな方向を見ているようだとダメなので、例えば富士通がパーパスを掲げているように、同じ方向に向かって、みんなが主体的に躍進すれば、今までの三倍のアウトプットが出せるはず。個人にとっても、社会にとっても、そういう世界を実現しなければやっていけなくなるという危機感があります。

キャリアオーナーシップは人生100年時代の新しい働き方

――ビジネス環境の変化として、社会における労働人口の減少を挙げられましたが、個人で捉えれば、人生100年時代と呼ばれる高齢化の進展が、キャリアへの意識変化を求められる大きな要因になっているのではないでしょうか。

田中　私は著書などで、キャリアオーナーシップを含めた新しいキャリア論「プロティアン・キャリア」を提唱しており、これを「人生100年時代を生き抜く処方箋」と位置付けています（Column 2を参照）。人生100年時代に問われるのは、「何歳まで働くか」ではなく「いかに働くか」。定年を65歳から70歳に延長することよりも、その5年間でどれだけのアウトプットを出せるかが重要です。その意味では、生物学的な年齢はあまり意味がないと思っていて、「健康寿命をのばす」といわれるように、ビジネスパーソンもキャリア寿命を整えていくべきでしょう。今、50代や60代のビジネスパーソンといえば、これまでの日本経済を必死に支えてきた方たちですから、個人的には、そうした方々が定年を迎えてシュリンクしていくような姿は見たくありません。社会的に見ても、日本の人口比率では私も含めた高齢世代が圧倒的に多くなるわけですから、その世代に活躍してもらう必要があるわけです。50代や60代には、20代や30代にはない経験や人脈といった財産があるので、しっかりコンディションを整えて、年齢を問わずパフォーマンスを発揮してもらいたいですね。

平松　昨今の「働かないおじさん」というのも、生物学的な年齢ではなく、マインド年齢の問題だと思います。実際に富士通社内を見ていても、中高年でもやる気満々な人、変化に柔軟に対応できている人がたくさんいるわけです。だから私も含めて、中高年の男性を一律に「おじさん」と呼ぶなと（笑）。自分の親世代だと、一つの会社で定年まで働いたら燃え尽きて、あとは残りの人生みたいな感じで、私も会社に入ったころはきっとそうなのだろうと思っていました。それが現在では、50代や60代になっても、まだまだ残りの人生はたくさんあるし、仕事でもいろいろな選択肢がある。そこもキャリアの捉え方が昔と変わってきたところだと思いますね。

田中　キャリアオーナーシップというのは、一回限りの自分の人生を、どういう物語にしていきたいのか、自ら考えることだと思っています。それは、働くことだけではなく、先に述べたようにライフ全般を通しての話です。これだけ人生の時間も長くなり、医療の進歩で健康寿命ものびていますから、働かないでいたら時間を持て余すし、そもそも働くことを通じて家族を養っていく必要性もあります。その一方で、日本社会は労働人口が少なくなる中で、いかに企業の競争力を維持するかが問われていて、中高年の皆さんを必要としているわけです。「どういう物語にしたいか」と問われたときに、「一人で何もせずにいたい」という人がいても、それは個人の自由なのでかまわないですが、やはり「社会の一員として働きたい」「社会の豊かさを支えるために、仲間と協力して成果を出していきたい」ということであれば、そのために自分に何ができるか、何が必要かと、主体的に考えていきますよね。それこそが人生１００年時代におけるキャリアオーナーシップのあり方だと思っています。

column 2

田中研之輔氏が提唱する「プロティアン・キャリア」とは

「プロティアン」の語源は、ギリシャ神話に登場する、環境に合わせて思いのままに姿を変える神プロテウス。この神様になぞらえ、社会や職場の変化に応じて、仕事や働き方を柔軟に変えていくキャリアのあり方を「プロティアン・キャリア」と称しています。社会的なニーズに合わせて、変幻自在にキャリアを形成していくことができれば、将来的にどのような変化があろうとも、自分らしく働き続けていけると考えるものです。

もともとは1976年にボストン大学のダグラス・ホール教授が理論化したもので、田中先生ご自身が「この考え方に出会って働き方や生き方を見つめ直し、救われました」と語っています。

人生100年時代に突入した現在、ビジネスパーソンが働き続ける時間は、かつてよりもはるかに長くなっています。一方で、社会では年功序列や終身雇用が崩壊し、ビジネスの現場ではITをはじめとした技術進化が「破壊的（ディスラプション）」とも呼ばれる変革をもたらしています。あらゆる面で「これまでと同じ仕事だけを続けていく」ことが難しくなる中で、私たちは刻々と変わる環境に応じて、自分の働き方も変化させていく必要があります。

「プロティアン・キャリア」を身に付け、自ら主体的にキャリアを形成していくことが、長く第一線で「現役」として活躍し続けるための条件となるはずです。同時に、そうしたキャリア形成にチャレンジする姿勢が、これからの長い人生をより豊かにするためのヒントとなるでしょう。それこそ、田中先生が著書で訴え続けているメッセージにほかなりません。

■ 伝統的なキャリアとプロティアン・キャリアの違い

組織内キャリア（伝統的キャリア）		自律型キャリア（プロティアン・キャリア）
環境変化は前提ではない	環境変化	環境変化することが前提
組織	キャリアの所有者（主体）	個人
昇進、権力	核となる価値観	自由、成長
地位、給料	成果	心理的成功
組織コミットメント	態度	仕事の満足感、専門性へのコミット
組織から尊敬されているか（他人からの尊重）私は何をするべきか（組織認識）	アイデンティティ（自分らしさ）	自分を尊敬できるか（自尊心）自分は何がしたいのか（自己認識）
組織で生き残ることができるか	アダプタビリティ（変化適応力）	自分の市場価値（仕事に関係する柔軟性）

出典：プロティアン・キャリア協会

田中先生の著書『プロティアン―70歳まで第一線で働き続ける最強のキャリア資本術』（日経BP）では、読者がこれまで培ってきたスキルをベースに、この先、どのように「プロティアン・キャリア」を構築していけばよいのか、田中先生の考えるプロティアン・キャリアの実践方法が凝縮されています。本書との併読をお勧めします。

テーマ3 キャリアオーナーシップが個人と組織の可能性を広げる

キャリアはビジネスと同様に戦略として考える

――これからの社会で豊かな人生を過ごしていくうえで、キャリアオーナーシップが重要であることは理解できましたが、具体的にどう考え、どう行動すればよいのか、不安や疑問を持つ方も多いと思われます。そのためのヒントをお願いできますか。

田中　私はいくつかの企業で社員の方と話す機会をいただいていますが、その際に伝えているのが、キャリアはビジネスと同様に、戦略として考えましょうということです。私自身のミッションに「キャリアを哲学にしない」「キャリアを自分語りにしない」と掲げているように、キャリアはある種の社会科学です。企業においては経営戦略や事業戦略と同レベルで人材戦略やキャリア戦略が重要で、それらをいかに紐付けるかが問われているように、社員一人ひとりも自身のキャリアを戦略的に考えるべきです。

平松　そこは非常に共感するところですが、富士通を含め、かつての日本企業は「異動や昇格、昇進は会社がコントロールするので、社員はキャリアを考えるよりも、とにかく与えられた役割を精一杯こなせ」という形でやってきました。このため、社会人としての経験は長くても、自らキャリアについて考える経験が圧倒的に足りていません。そうした状況で、いかにキャリアを戦略的に考えるか、どうアドバイスすべきでしょうか。

田中　それもビジネスと同じように捉えることです。長くビジネスの現場で活躍していれば、三年後の市場や社会の状況を分析し、どんな準備が必要かと考える経験をしているはずです。同じように、三年後の自分を取り巻く環境を分析して、その中で自分がどうありたいか、そのためには何が必要かを考える、それがキャリアを戦略的に考えるということです。特に、富士通のようなソリューション企業の社員であれば、難しいことではないと思います。

平松　確かに、富士通の社員たちは日々のビジネスシーンにおいて、クライアントのニーズにアジャイルで適応し、最適なサービスやソリューションをスピーディーに届けることに注力しています。そうした経験を通じて、自分では気付いていないかもしれないけれど、環境変化に対するアダプタビリティが養成されている。あとは「このやり方を自分のキャリアに置き換えればいい」ということに気付くだけだということですね。

田中　まさにその通りで、富士通社員に限らず、まずは「キャリアもビジネスも同じ」という認識を持つことができれば、自身を取り巻く環境やライフイベントなどの変化を見据えながら、自身のキャリアを戦略的に考えていけるようになるはずです。

自己を固定化せず、マルチアイデンティティで捉えることが滞留を防ぐ

――自身のキャリアを戦略的に考えるには、改めて自身を見つめ直す必要があると思いますが、その際にポイントとなることはありますか。

田中　キャリアコンサルティングなどで、よく「自己分析が大切」といわれますが、このときに一つの罠があって、自分を固定化したものとして捉えようとすると無理があるのですね。変化に適用しようとしている人に「単一の自己を想定しろ」といったら、むしろブレーキになりかねません。これからのキャリアオーナーシップ時代では、シングルアイデンティティではなくマルチアイデンティティでよい。つまり、それまで得意分野としてきたビジネス領域以外にも、自分が大切にするもの、興味があるものを、サブカテゴリとして持つことが大切です。

平松　同感です。よく「多様性の時代」といわれますが、個人の内面も多様です。社内での自分、家庭での自分、趣味の時間の自分など、役割によって登場させる自分を変えているわけで、そうしたマルチアイデンティティの中に、多くの可能性が秘められています。富士通では、普段は社内で発揮されていない自分と向き合うために、「Purpose Carving（パーパスカービング）」という取り組みを全社で推進しています。過去から現在、さらには将来というストーリーの中で、大切にしているもの、行動の源泉になるものを、自分の中で削り出し、パーパスとして明文化するもので、これがキャリアオーナーシップの一つのきっかけになっているという実感があります。さらに、パーパスを起点とした個人の成長と、組織にもたらしたインパクトを、一貫した流れで評価する新たな評価制度「Connect」（P59参照）を設け、富士通のパーパスや各組織のビジョン達成につなげています。

田中　富士通の取り組みからもわかるように、自己をマルチで捉え、その可能性を広げていくことは、組織の成長にもつながります。これまでの企業は社員の担当業務を固定化、専門化しがちでしたが、これは効率面でメリットがある一方、社員にとっては「自分はこれしかできない」、周囲からは「田中といえばキャリアの人」といった決めつけ、いわば二重の

■企業のパーパスと社員のパーパスを結び付ける富士通の考え方

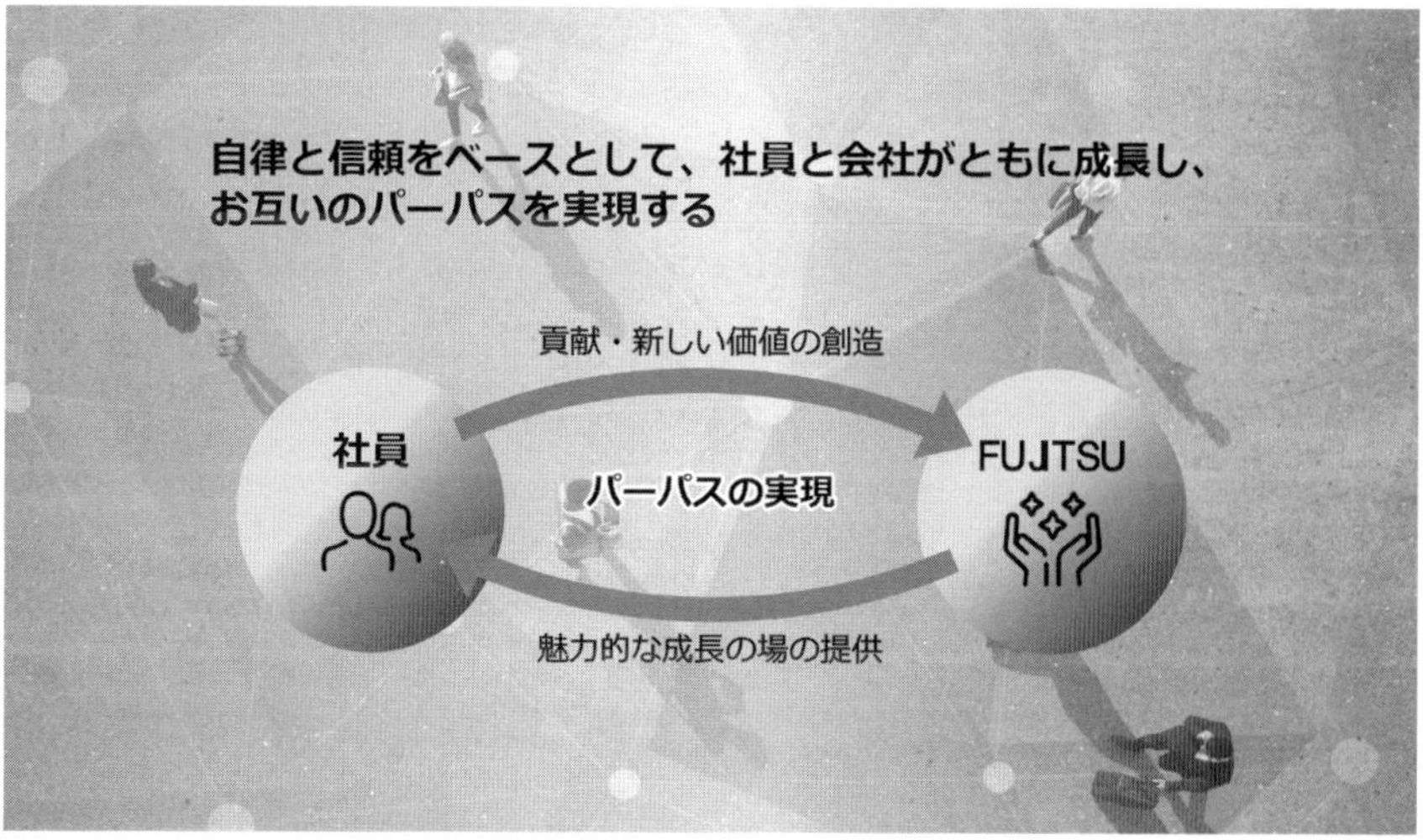

バイアスがかかり、誰も新しいチャレンジをしなくなるというリスクもあります。そうすると新陳代謝が起きなくなるので、どうしても組織が停滞してしまう。こうした事態を避けるには、やはりマルチな自己を見つめて新たな可能性にチャレンジする姿勢が必要になるのです。

平松　川の流れや血液などと同じで、流れが滞留するとどうしても淀んでしまいます。富士通が「人材の流動化を会社のパワーに」といっているのはまさにそれで、組織もメンバーが固定しているとイノベーションも生まれないし、無駄なこともずっと続いてしまう。人材が流動化することで多様な価値観が交錯して、気付きや刺激が生まれるわけですから、個人だけではなく、組織にとってもキャリアオーナーシップが必要だということですね。

求められるのは、会社と社員が対等だという意識改革

――キャリアオーナーシップをどう実践するか、個人にとってのヒントをいくつかお聞きしました。一方で、経営者側や人事担当者には、どのような意識が求められるでしょうか。

平松　多くの企業では、従来型のキャリア観に基づく人事制度を引きずっていますので、まずはキャリアオーナーシップを軸にした人事制度の改革が必要になります。そこで問われるのが、経営トップの強いコミットメントです。富士通はまさに今、様々な改革を同時並行

で進めており、「よくそんなにやるね」とか「反発する人もいるのではないか」とかといった声もあります。確かに大変ではありますが、その際、社長の時田が強い決意を示していることが、私たち施策を実施する側にとっても、社員にとっても「心理的安全性」になっています。「あとで梯子を外されるのではないか」と不安になるようでは、とても改革は進みませんから。

田中　これからの企業は、伝統的なキャリア意識のまま経営が悪化していくか、キャリアオーナーシップに振り切って成長していくかの二極化が進むと思います。私は社員の主体性に全力で懸けている企業だけが生き残ると思っていて、富士通はまさにそのパイオニアモデルです。これだけ全体的に変革できるのは、すごいことだと思います。それは、平松さん、時田さんをはじめ、経営陣が覚悟と決意を持って進めているからだと思いますので、そこにすごみというか、イノベーションの大きなうねりを感じますよね。

平松　人事制度改革を進めるうえで大切にしているのは、やはり社員の共感です。先述したような上意下達の組織では、社員の声も拾えずに衰退していき、共感を得ることもできないでしょう。だからまず、会社と社員、上司と部下の関係性を変えなければいけない。そこが第一歩だと思いますね。かつては、人事部門が「キャリアオーナーシップを推進しよう」というと、「優秀な人が転職したらどうする」などと反論されたものでした。もちろん、優秀な人材を流出させたくないのは当然ですが、リテンション（流出防止施策）のために社員にキャリアを考えさせないのは真逆で、むしろ「富士通は成長できる」「富士通にいれば自分も成長できる」と思わせ続けなければいけない。そういうところも含めて、社員は会社や上司の所有物ではない、会社と社員、上司と部下は対等だというように関係性を変えないとダメな時代になっていますよね。

社員を自社に囲み込むよりも、社会全体で人材の流動性を高める

――平松さんがいわれたように、キャリアオーナーシップに対して「社員の流出につながる」という不安の声もあるようですが、そうした声に、田中先生はどのように答えられていますか。

田中　企業が社員を囲い込むというのは、情報がある程度コントロールできた時代だからできたことであって、これだけネットが発展し、情報の透明性が高まってくると、自分たちの置かれた環境が閉鎖的だということに誰もが気付きます。だったら平松さんがいわれるように、会社は選ばれる会社でなければならない。よく人事担当者から「リテンションの新戦略を教えてください」と相談されますが、むしろ「どうぞ社外で活躍してください」と伝えるべきで、そのうえで「もちろん出戻りも大歓迎」とアラムナイ（退職者ネットワーク）も用意すべきだと答えています。そういう組織や風土をつくっていかない限り、企業は人材を確保できないと思います。

平松　これだけ人材の獲得競争が激しくなった現在、社員のキャリアをコントロールしようとする会社と、社員が自分でキャリアづくりを楽しめる会社、どちらを選ぶかといえば、明らかに後者。富士通がキャリアオーナーシップを推進し、ジョブ型の人材マネジメントに変革したのも、従来の人事制度のままではまずいという危機感があったからです。実際、それ以前の4～5年間は、若手から中堅層の退職率が年々高くなっていて、多くが外資系企業に転職していました。その理由を分析したところ、単に報酬だけではなく、企業のカルチャーや人事制度に魅力を感じていたことがわかりました。そこで、外資の仕組みも参考にしながら人事改革を進めた結果、離職率が改善したのはもちろん、キャリア採用が質、量ともに大幅に強化されました。これはやはり、「自律と信頼」という富士通の姿勢に魅力を感じてもらえたためだと思います。

――キャリアオーナーシップを高める環境をつくることが、人材面で非常にポジティブな影響があったということですね。

田中　これは決して、富士通のような大企業だからということではありません。私が社員の退職に悩む経営者に伝えているのが、社員が辞める理由というのは「大切にされていない」

「チャレンジできない」「先が見えない」のほぼ三つだと。逆にいえば、社員を大切にして、チャレンジを応援して、先のキャリアビジョンが見える環境があれば、みんなその会社にいたいと思ってくれますよ。それはむしろ、社員一人ひとりの顔が見える中堅、中小企業の方がやりやすいことではないかと思います。

平松　人材の流動化というのは、富士通だけでやっていても大きなインパクトはなく、社会全体で推進すべきものだと思っています。優秀な人材なのに、組織にフィットしないために、せっかくの可能性がつぶれてしまうというケースが多くの会社にあるはずです。そうした人材が自分に合った会社に流動していくと、日本の産業界全体のパ

ワーが高まり、会社も個人もみんながハッピーになるのではないでしょうか。この書籍の狙いも、田中先生と一緒に取り組んでいる「キャリアオーナーシップとはたらく未来コンソーシアム」を通じて、富士通の経験やノウハウを社会に発信していくことにあって、キャリアオーナーシップを推進する会社、人材の流動化を企業や社会全体のパワーに変えていこうとする仲間を、少しずつでも増やしていきたいですね。

column 3

「キャリアオーナーシップとはたらく未来コンソーシアム」に集う企業

2021年4月、人材に関する課題意識を共有する異業種8社（キリンホールディングス株式会社、KDDI株式会社、コクヨ株式会社、パーソルキャリア株式会社、富士通株式会社、三井情報株式会社、ヤフー株式会社（現LINEヤフー株式会社）、株式会社LIFULL：五十音順）は、田中研之輔氏を顧問・ファシリテーターに迎えて「キャリアオーナーシップとはたらく未来コンソーシアム」を発足しました。

このコンソーシアムは、「個人の主体的なキャリア形成が、企業の持続的な成長につながる」という考えのもと、「はたらく個人と企業の新しい関係」を模索する企業が、業界の垣根を越えて集まった異業種横断プロジェクトです。その目的は、キャリアオーナーシップが広く定着し、キャリアオーナーシップ人材を育てようとする企業が増え、個人と企業が互いの成長に貢献し合う関係性へ変わっていくことで、よりよい社会の実現に貢献することにあります。

こうした考えのもと、「いかにキャリアオーナーシップ人材を育むか」「キャリアオーナーシップ人材を活用して、いかに企業の中長期的な成長を実現するか」などをテーマに議論したり、実践や検証を重ねたりして、参加各社の社内はもちろん、広く社会に発信、提言しています。

同コンソーシアムの取り組みに対し、幅広い企業から注目が集まり、活動3期目となる2023年時点で参加企業は38社・団体、総従業員・職員数は約168万人にまで拡大しています。

■コンソーシアムが目指す「個人と企業の新しい関係」

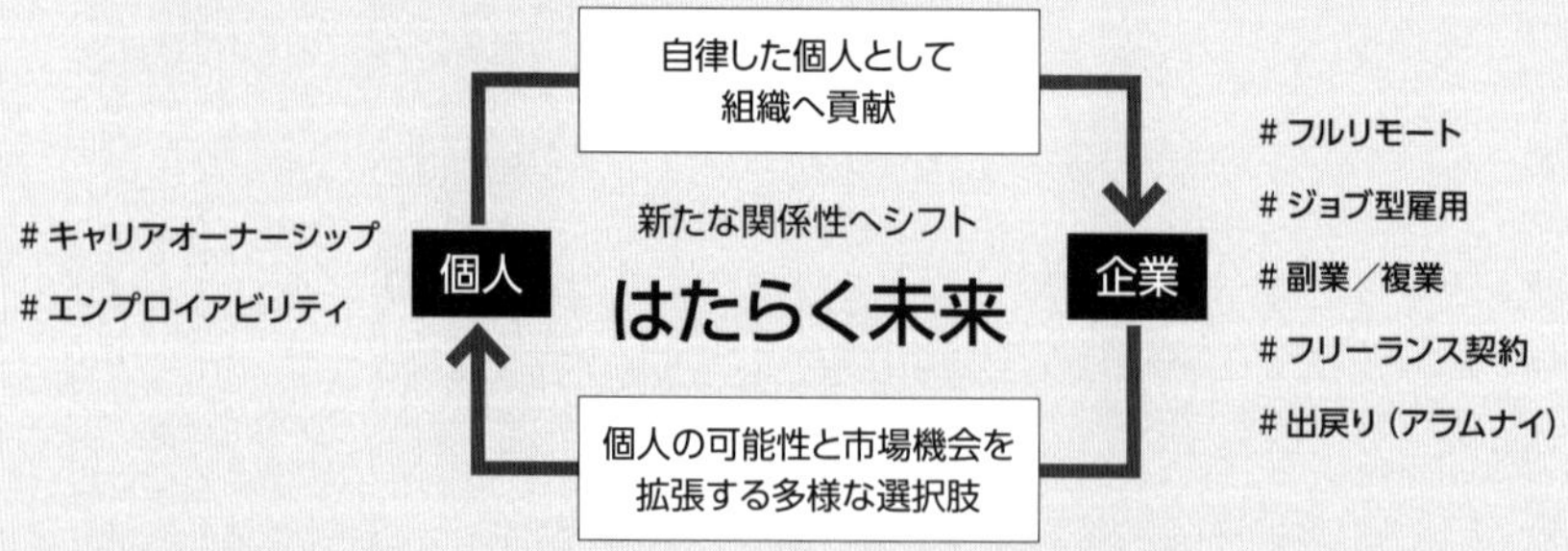

出典：キャリアオーナーシップとはたらく未来コンソーシアム

第2章

キャリアオーナーシップ実現に向けた富士通の挑戦

本章では、キャリアオーナーシップ推進の実践例として、富士通の取り組みを紹介します。まだ「キャリアオーナーシップ」という言葉が社会に浸透していなかった時代から、社員一人ひとりのクリエイティビティを重視してきた富士通が、社員のキャリア開発やキャリア意識について、どのような課題意識を持ち、どのように解決を図ってきたか、その時々の社会背景などと合わせて紐解いていきます。

お話を伺うのは、入社以来、一貫して人事業務に携わり、現在はEmployee Success本部長として富士通のキャリア施策を牽引する阿萬野さん。自らポスティングに手を挙げて現職に就いた体験も交えながら、様々な施策を立ててきた経緯や、その背景にある考え方などをお聞きしました。

富士通株式会社
SVP Employee Success
本部長

阿萬野《あまの》 晋《すすむ》氏

1992年に富士通株式会社に入社。一貫して人事業務に従事し、事業部門担当人事やシンガポール駐在を経て、グローバル人事、プロダクト事業担当人事を統括。2020年には労政部長として「Work Life Shift」を含む労務政策全体を統括。2021年4月より現職にて、ジョブ型人材マネジメントをベースとした採用から育成、キャリアオーナーシップやポスティングなどの成長支援、人事制度企画、組織開発およびWell-being施策を主管。

1 「働き方改革」から「Work Life Shift」へ

自らクリエイティビティを発揮できる人材こそ、富士通の競争力の源泉

――富士通では2020年頃からキャリアオーナーシップを推進されていますが、それ以前から「人材こそ財産」という考えのもと、社員一人ひとりがクリエイティビティを発揮できる環境づくりに注力されてきました。まずはこれまでの人材戦略について振り返っていただけますか。

阿萬野　富士通は1976年に「信頼と創造の富士通」をスローガンに掲げて以来、高品質な製品・サービスの提供による「信頼」と、先端技術を駆使した新たな価値の「創造」を追求し続けてきました。もともとクリエイティブな人材を重視し、積極的に採用していたわけですから、既存の枠組みからはみ出すような、ある意味で「尖った」人材が社内の至る所にいて、そうした人たちは「キャリアオーナーシップ」といわれる前からオーナーシップを発揮していました。

――もともと富士通内に社員がオーナーシップを発揮しやすい企業風土があったわけですね。

阿萬野　事業や仕事内容としても、90年代後半くらいから、よりクリエイティビティが求められる方向に舵を切ってきました。それまでの主力であったコンピューターやネットワーク

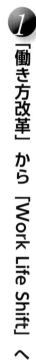

製品、半導体の開発・製造などのメーカー事業に加え、お客様業務の効率化を支援するシステムインテグレーション事業を大きな柱として、発想力のある人材やソリューションを生み出せる人材が活躍するフィールドをつくってきました。ただし、それがすべての社員に当てはまるわけではなかったと思います。

――仕事やキャリアに対してオーナーシップを発揮しづらい社員も少なくなかった、ということでしょうか。

阿萬野　社会活動やお客様の事業を支えるシステムを構築する会社の責任として、壊れないシステム、停止しないシステムを構築することが求められ、失敗しないことが社内外からの評価に直結していました。そうした価値観が刷り込まれる中で、「自分で物事を考え新たな世界を切り拓く人」よりも、「与えられた役割をしっかりとやり遂げる人」が、マジョリティを占めていたと思います。そのため、お客様の要求に応え、残業もいとわず、長時間働き続けることがミッションであり、尊いとされるような風土もあり、社員は仕事にやりがいを感じながらも、将来に向けてキャリアを考える余裕がない状況だったと思います。

――そうした状況に対して、「このままではいけない」といった課題意識があったのでしょうか。

阿萬野　少子高齢化が進んで労働人口が減少する中で、このままでは富士通の価値創造の源泉であるクリエイティブな人材が育つ風土が維持できなくなるのではないか、という危機感がありました。実際、２０１０年代には若手社員を中心に離職率が高まり、外資系のコンサルティング企業やスタートアップ企業などに転職する人も出てきました。もっと社員一人ひとりが生産性を上げて、より主体的かつクリエイティブに働けるような環境や文化をつくっていかなくてはならないという想いが、２０１０年代後半から単なる長時間残業の抑止だけではなく、様々な角度から見た「働き方改革」の推進につながることになりました。

制度とＩＣＴ、職場の意識改革が「三位一体」となった働き方改革

――富士通が働き方改革を進めてきた経緯についてお聞かせください。

阿萬野　富士通では、長時間労働を前提としない、より多様で柔軟な働き方を実現するために、２０１０年度から主に育児や介護を抱える社員をターゲットにした在宅勤務制度を整備するとともに、ＩＣＴを駆使して場所を問わず働ける環境づくりを推進しました。さらに２０１５年度には「テレワーク勤務制度」のトライアルを開始するなど、ＩＣＴ企業ならではの働き方改革に取り組んできました。

――政府が「働き方改革実行計画」を発表し「働き方改革元年」と呼ばれたのが２０１７年のことですから、富士通の取り組みは社会を先取りしていたといえますね。

阿萬野　社員の働き方を変えるには、やはりお客様の理解が必要不可欠ですから、働き方改革関連法案の成立をはじめ、政府が本腰を入れて推進してくれたのは大きな追い風でした。2017年度から富士通本体の社員約3万5千人を対象にテレワーク勤務制度を正式導入できたのは、この時期としては画期的なことだったと思っています。

——働き方改革を推進するうえで、どのようなことに留意されましたか。

阿萬野　いくら制度を整備しても、実際に有効に活用されなくては意味がありません。そのため「制度やルールを決める人事部門」「職場環境を担当する総務・ファシリティ部門」「事業インフラを整備するITプラットフォーム部門」の三者に「職場の代表である労働組合」を加え、プロジェクトを推進。いわば制度とファシリティ、ICT、職場の意識改革が一体となって働き方改革を推進していきました。こうした体制のもと、テレワークを中心に、短時間勤務や裁量労働、コアタイムのないフレックス制度など、多くの選択肢から仕事やライフステージに合わせた働き方を選択できるようにするなど、社員一人ひとりが自律的に働くための環境を整えてきました。

コロナ禍を機に、新たな働き方「Work Life Shift」を推進

——テレワークをはじめとした働き方改革は、どのように富士通内に浸透していったのでしょ

うか。

阿萬野　テレワーク勤務制度としては、もともと全社員を対象としていましたが、なかなか全社一斉に導入するまでには至りませんでした。例えば、研究開発は実験設備が整った職場でなければできないことも多く、お客様のシステムを整備するのも在宅では困難だと認識されていました。そうした理由から「テレワーク率は50パーセントが限界」といわれていましたが、２０２０年に大きなきっかけが唐突に訪れました。新型コロナウイルス感染症の拡大による緊急事態宣言です。

――日本社会に大きな打撃を与えたコロナ禍ですが、一方でテレワークを急速に普及させるという側面もあったということですね。

阿萬野　海外のようにロックダウンにこそ至らなかったものの、社員の健康第一ですから、それまで無理だとされていた部署も含め、全社で在宅勤務を徹底しました。何か月かすると「意外とできるね」という空気が広がってきて、結局、食わず嫌いというか、固定観念に邪魔されていたことに気が付きました。そこからは富士通らしく、皆が知恵を出し合い、テクノロジーをフルに使って、生産性高く創造的に仕事をしようという機運が一気に高まり、浸透し始めました。「こんな事情があるからできない」ではなく、「どうしたらできるかを考えよう」ということで、まさに全社一丸で取り組んだ結果、２０２０年7月にニューノーマル時代における新しい働き方のコンセプト「Work Life Shift」が発表されました。

――まさに働き方改革の新たなフェーズというわけですね。

阿萬野　Work Life Shift は、最適な働き方を実現する「Smart Working」、オフィスのあり方を見直す「Borderless Office」、そして社内カルチャーを変革する「Culture Change」から構成されますが、その根底にあるのが「自律と信頼」です。会社は社員を信頼し、従来からの制約をなくして働き方のフレキシビリティを高めました。その代わり、社員は自律的に責任を持って、与えられたミッションを完遂する。このコンセプトによって働き方がガラッと変わりました。実態でいうと、50パーセントが限界といわれたテレワーク率が、コ

■富士通が目指す新たな働き方「Work Life Shift」

ロナ禍が一段落した今も80パーセントとなっています。

――「自律と信頼」というキーワードは、まさにキャリアオーナーシップともつながります。

阿萬野　富士通が展開する様々なキャリアオーナーシップ施策は、働き方改革や社員の成長支援、社内カルチャー改革など、一見異なるテーマと思われるものに対して取り組んできたものを、キャリアオーナーシップというキーワードをもとに体系付けた面があります。社員一人ひとりの自律的な働き方を促すWork Life Shiftは、キャリアオーナーシップを推進するうえで重要な基盤にもつながったといえるでしょう。

2 DX企業への転換に向けた、人材マネジメントのフルモデルチェンジ

時田社長の宣言に込められた「富士通を変える」という強い信念

――キャリアオーナーシップというキーワードが前面に出てきたきっかけは、やはり時田社長の就任でしょうか。

阿萬野　それは大きかったですね。2019年に時田が新社長に就任し、「IT企業からDX（デジタル・トランスフォーメーション）企業に転換する」という経営方針を発表しました。その実現に向けて、富士通の存在意義をあらためて見直し、「イノベーションによって社会に信頼をもたらし、世界をより持続可能にしていくこと」を「パーパス」に掲げるとともに、全社員の原理原則である「Fujitsu Way」を12年ぶりに刷新しました。会社全体が大きく変わろうとする中で、人事の仕組みも、そして社員一人ひとりの意識も変える必要がありました。

――DX企業への転換という経営戦略は、人事戦略とどのようにかかわっているのでしょうか。

阿萬野　DX企業として、お客様の経営課題、その先にある社会課題の解決に取り組むには、これまで以上のクリエイティビティとイノベーションが求められます。かつてはお客様から求められるものを提供していましたが、社会課題や経営課題が複雑さを増す中で、次に

何が必要なのか、お客様自身が悩んでいます。そこで求められるのは、お客様からテーマを与えられるのを待つのではなく、自ら課題を見いだし、仮説を立てながらその解決策を提案していくというイノベーティブな姿勢です。その意味では、「自ら考え、行動する人材」を育て、そうした人材がイキイキと活躍できる組織にすることが、私たち人事部門に課せられた使命だといえるでしょう。

――具体的には、どのような人事戦略を立てられたのでしょうか。

阿萬野　富士通がＤＸ企業への転換を図るうえで、どのような人材が必要だろうかと、組織の「ありたい姿」を考えた結果、「社内外の多才な人材が俊敏に集い、社会のいた

■富士通の新たなパーパス

るところでイノベーションを創出する企業へ」というＨＲビジョンが生まれました。その実現に必要だと考えた三つの要素が、「Challenge ＝全ての社員が魅力的な仕事に挑戦できること」「Collaboration ＝多様・多才な人材がグローバルに協働できること」「Learning & Growth ＝すべての社員が学び続け、成長し続けることができること」でした。これを支えるグローバル・グループワイドな人事基盤整備として、人材マネジメントのフルモデルチェンジを実施しました。

――富士通ほどの企業が人事制度を大きく転換するというのは、容易なことではないと思われます。

阿萬野　それができたのは、やはり経営トップ

■富士通のHRビジョン

Fujitsu Our HR Vision
DX company where diverse talents gather to create innovation everywhere in the society
社内外の多才な人材が俊敏に集い、
社会のいたるところでイノベーションを
創出する企業へ
© 2022 Fujitsu Limited

のコミットメントがあったからこそです。以前に時田本人から聞いたことがありますが、社長就任の内示を受けたときから「富士通とは何なのか、何のために存在するのか」をずっと考え続けていて、その結果が富士通のパーパスであり、これを実現するために事業モデルの変革と合わせて、「富士通自身そのものをトランスフォームする」という宣言につながったわけです。社内外から「富士通というトラディショナルなＩＴ企業が変われるわけがない」と思われていたかもしれませんが、経営トップが「変えなければならない」と本気で思い、「変えていく」と宣言した意義は非常に大きかったと思います。ビジネスモデルも、社内の仕組みも、そして人事制度も含めて、

■富士通の人事施策における基本方針

富士通という会社そのものを変えていくという強い決意があり、それを社内外にはっきり示したからこそ、各部門や各組織のリーダーも本気で取り組み、社員一人ひとりに浸透しつつあるのだと思っています。

「ありたい姿」の実現に向けて、人材マネジメントのフルモデルチェンジを推進

――人材マネジメントのフルモデルチェンジについて、具体的な内容を教えてください。

阿萬野　新しい人材マネジメントモデルは4つの柱からなります。まずは「事業戦略に基づいた組織デザイン」。ごく簡単にいえば、従来の「適材適所」から「適所適材」のマネジメントに変えていくということです。つまり、「今いる社員をどのポジションに割り振るか」ではなく、「戦略やビジョンを実現するために組織やポジションをまず決めて、そこに最適な人材をアサインする」という考え方です。これにより、昇進や昇給における年功的な要素は一切なくなります。

――年齢や社歴に関係なく、実力や意欲に応じたポジションで活躍できるわけですね。

阿萬野　これに連動するのが、二つ目の「チャレンジを後押しするジョブ型報酬制度」です。報酬制度を、職責の大きさや重要性など「ポジション」を基準とした仕組みに変えました。与えられた役割に対し、確かなパフォーマンスを出すことで報酬につながるわけです。2

020年に幹部社員を対象に導入し、2022年には対象を全社員に拡大しました。

――ポジションの格付けがダイレクトに報酬につながることで、より大きな職責へのチャレンジを促すことが期待できますね。

阿萬野　三つ目が「事業部門起点の人材リソースマネジメント」。要は人員計画の権限を事業部門に委ねるということです。これまでは、何人採用して、どの部門に何人配置するか、人事部門が主導していました。これを事業本部ごとに、事業戦略に応じて必要な人材を検討し、必要なタイミングで補充することが可能な仕組みに改めました。

――まさに人的資本経営でいわれる「人材ポートフォリオ」の考え方ですね。

阿萬野　最後が「自律的な学び／成長の支援」です。学習の基本はあくまで「自律」ですが、各社員が勝手に学んで成長してください、というのは無責任です。例えばオンデマンドで自主的に学習できるプラットフォームを用意するなど、継続的、計画的に学べる環境や仕組みを整備すると共に、自身の成長やキャリア開発について上司とじっくり対話できるように1on1ミーティングを推進しています。

――ご説明いただいた人材マネジメントについて、メディアなどでは「ジョブ型」というキーワードで紹介される機会が多いようですが、この言葉をどのように捉えられていますか。

阿萬野　よく誤解されるのですが、富士通が取り組んでいるのは「ジョブ型人材マネジメント」

であって、単なる「ジョブ型雇用」ではありません。米国で見られるような、パフォーマンスが悪ければ即解雇といったマイナスイメージもあるようですが、そもそも日本では法的にできません。そのあたりの誤解を解いていく必要性を感じました。私たちがやろうとしているのは、組織や人材にまつわるあらゆることを、ジョブを起点に考えること。パーパスを実現するために、どのように事業を展開していくか、そこにはどんなジョブが必要か、そのジョブに相応しいのはどんな人材か。要はパーパスドリブンな経営を行うための人材マネジメントであり、その意味合いをしっかりと伝えていきたいですね。

■人材マネジメントのフルモデルチェンジ

事業戦略に基づいた組織デザイン
1. 事業戦略に基づいた組織、ポジションのデザインへの見直し
2. 責任権限・人材要件の明確化 (Role Profile/Job Description)
チャレンジを後押しするジョブ型報酬制度
1. 職責ベースの報酬体系
2. 高度専門職系人材処遇制度
3. 評価制度見直し
事業部門起点の人材リソースマネジメント
1. 人員計画の見直し
2. ポストオフやダウングレードの実施
3. ポスティングの大幅拡大
自律的な学び/成長の支援
1. 人材育成方針の見直し (On demand 型教育の導入)
2. 1on1 ミーティングの推進

全社と個人のパーパスに紐付けられた新たな評価制度「Connect」

――ジョブを起点とした人材マネジメントを推進するうえで、ポイントとなるのが評価制度だと思います。報酬につながる評価制度を見直されたとのことですが、どのような制度でしょうか。

阿萬野　２０２１年度から、パーパス実現を目的とした新たな評価制度「Connect」を導入しました。これは、個人と組織の成長のベクトルを合わせ、一人ひとりが自ら考え、挑戦する行動を促す仕組みです。社員一人ひとりの活動やそのインパクトと本人の貢献度合いなどを、一貫性を持って評価するものです。同時に、この仕組みを活用して、各組織のリーダーが組織内のメンバーとタ

■事業戦略に基づいて組織・ポジションデザインの見直し

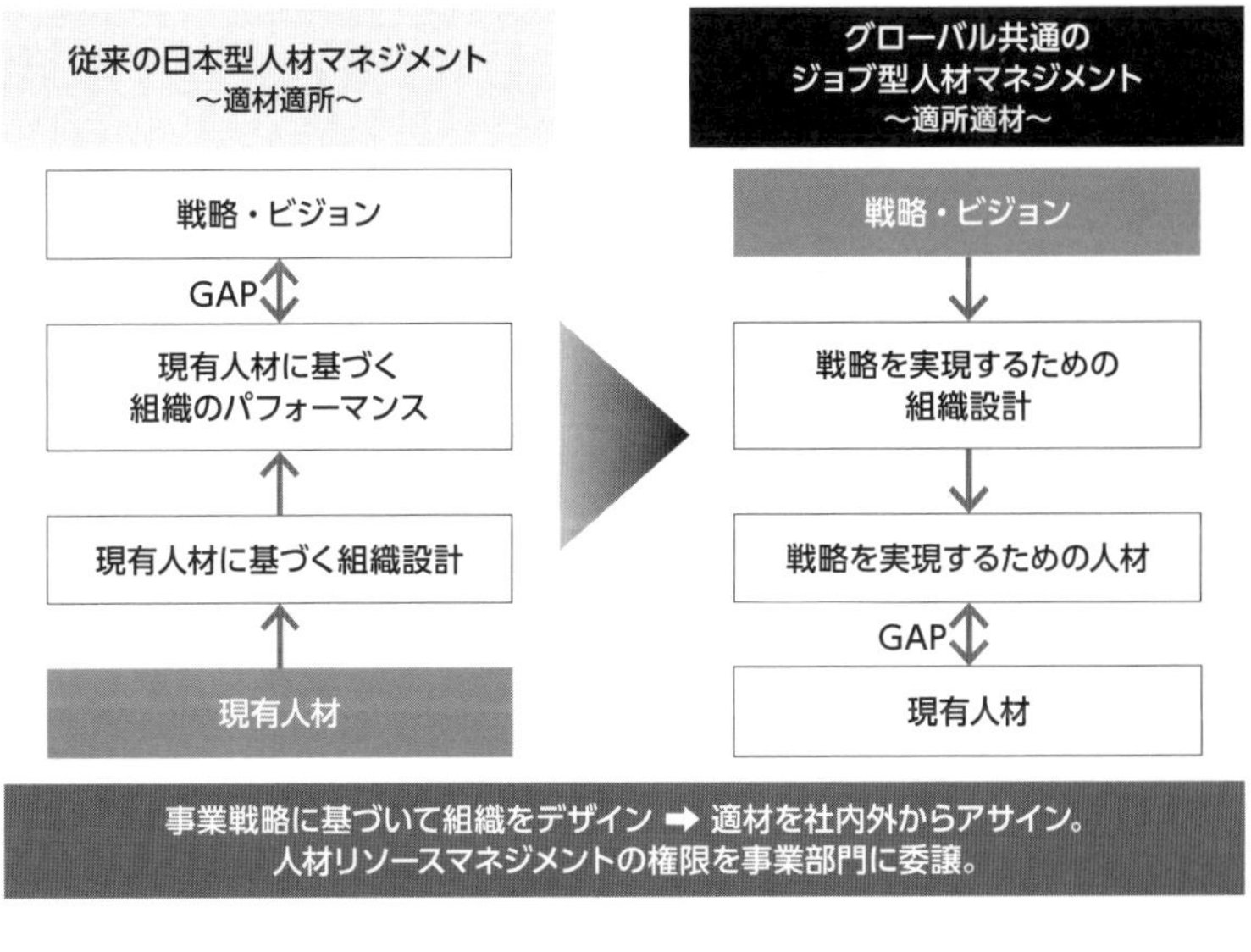

イムリーに働き方やキャリアについてコミュニケーションを深めてもらおうという狙いもあります。

――具体的には、どのような評価の仕組みになっているのでしょうか。

阿萬野　先述した富士通のパーパスを起点に、各組織のリーダーが組織ごとの三年後のありたい姿（ビジョン）を描き、メンバーに共有します。一方で、メンバーにはそれぞれ個人のパーパスがあり、自身のありたい姿に向けて、どう成長していくかというビジョンがあります。両者を結び付けるのが「挑戦・信頼・共感」を基本とした全社共通の価値観、すなわちFujitsu Wayです。各組織では、こうした関係性のもと、メンバー一人ひとりに新たなチャレンジを促し

■グローバル共通の新たな評価制度「Connect」

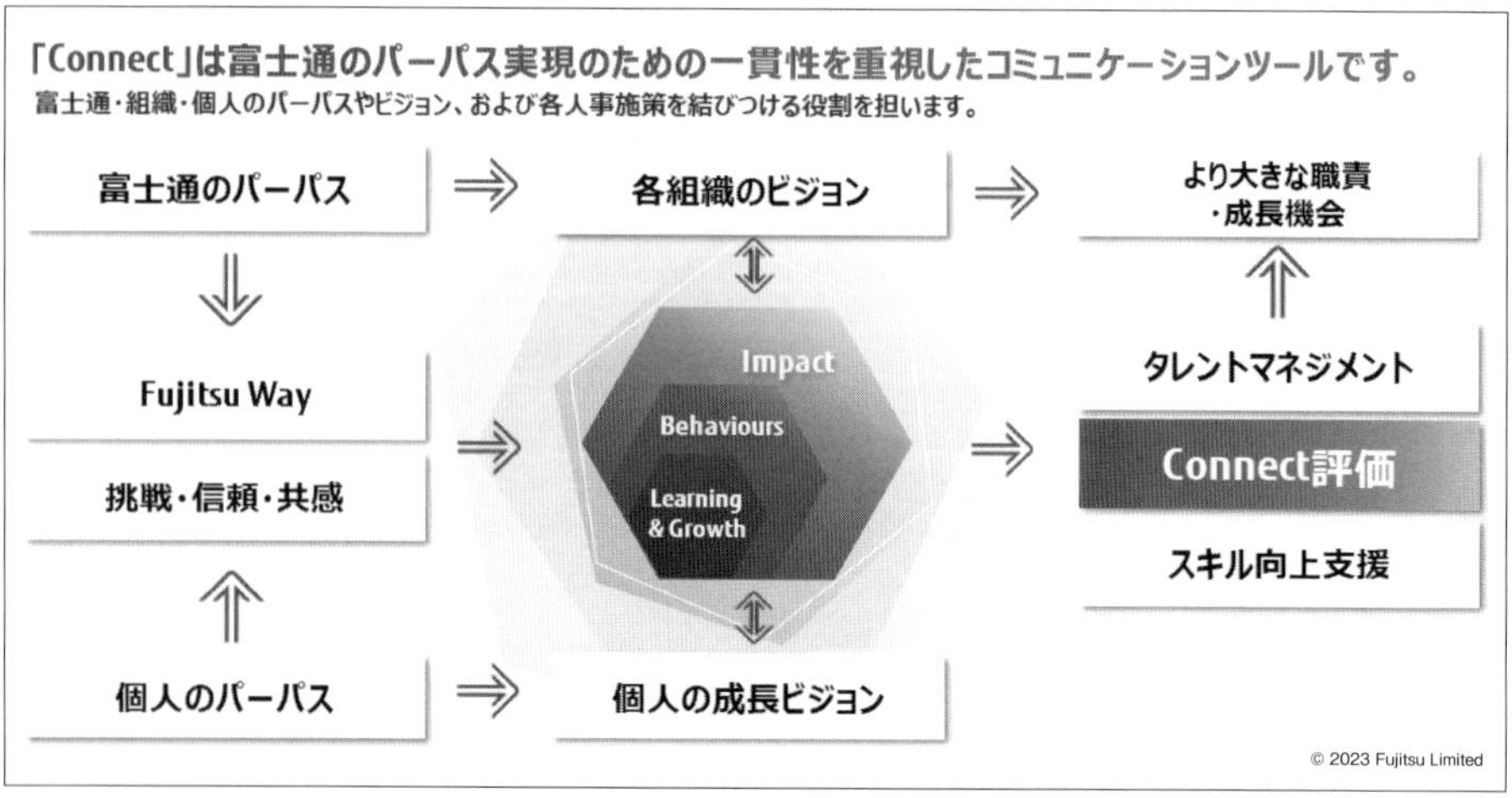

ます。その結果を、「Impact＝出した成果の影響度や組織への貢献度」「Behaviuors＝行動、態度」「Learning & Growth＝学びと成長」という三つの視点から総合的に評価します。

――これまでの評価制度は、数値的な目標を掲げて、その達成度を評価するというのが一般的でした。Connectの狙いはどこにあるのでしょうか。

阿萬野　全社のパーパスや組織ビジョンの実現に大きく貢献をした人には、より大きなチャレンジの機会や職責、つまり成長の機会が与えられます。高い評価を得ると、さらに大きな仕事にチャレンジするためにスキル向上に努めます。それがより大きなインパクトを生むことにつながります。そこで重要なのは、組織のリーダーがいかに魅力的で挑戦的なビジョンを描けるかどうか。それがメンバーの共感を引き出し、一人ひとりが自ら考え、挑戦するマインドを育む起爆剤になると考えています。

ポスティング拡大がもたらすオープンでチャレンジングな風土

――ジョブ型人材マネジメントの特徴の一つに、ポスティング（社内公募）制度の拡大があります。その狙いをお聞かせください。

阿萬野　社員に自らのキャリア開発の機会を提供することで、熱意とモチベーションのある人材が、働きたいポジションで働けるようにすることが目的です。これにより、社内で人材の流動化が進み、オープンでチャレンジングな社内風土が醸成されると考えています。特徴的なのは、新任となる幹部社員を全ポジションにおいてポスティングで募集し、面接などを経て登用していること。幹部社員にはチームのメンバーや、その家族も含めて人生を背負う責任感や覚悟が必要だと思っています。「上司に指名されたからやります」という人ではなく、自分から覚悟を持って手を挙げた人にやってもらいたい。もちろん、そのポジションにふさわしい資質も問われますから、そこは社長をはじめ経営層の面接によって判断します。

――阿萬野さんご自身も、Employee Success本部長という役職ができた際に、ポスティングに手を挙げられたのだとか。そのときはどのような意気込みで手を挙げたのでしょうか。

阿萬野　入社以来、一貫して人事部門でキャリアを積み重ねてきた中で、その集大成というか、人事の施策をトータルにマネジメントできる立場で腕を振るってみたいという想いがありました。それが誰のためかといえば、もちろん経営と社員のため。それまで様々な部署、組織で人事を務める中で、いろいろな立場の社員の悩みを聞き、いろいろな課題を見つめながら、自分なりに解決策を考えてきましたので、それらを具体化できる絶好の機会と捉えていました。

――時田社長の面接では、どんなことを聞かれましたか。

阿萬野　はじめに「あなたはこのポジションで何をやりたいのか」と聞かれたので、それまでの経験を踏まえて、当時の富士通に感じていた人事面での課題を挙げて、それらを解決したいと答えました。すると「なぜ君は富士通を辞めなかったの」と聞かれて、「私自身が富士通にとって必要だと思っているからここにいます」といったことを覚えています。すると「この役職は、それだけの覚悟を持った人にやってもらいたいし、そういう人材が増えるようにしてください」といわれました。時田が意識していたかどうかはわかりませんが、まさにキャリアオーナーシップを問われたように感じました。

――人事制度の変革をリードするということ

は、まさに会社の変革をリードするということですから、それだけの覚悟を問われたわけですね。

阿萬野　結果として、Employee Success本部長に就任したわけですが、その際、まず本部内の組織名を、人材開発からEngagement & Growth統括部に変えました。名前を変えるということは、発想を変えること。「人材を開発する」という上から目線で取り組むのではなく、社員の成長やエンゲージメント向上を支援する部署だというように、まずは人事部門の意識を変える。そこから本当の意味での人材マネジメント改革がスタートしたと思っています。

3 キャリアオーナーシップ支援策の充実

「Fujitsu Career Ownership Program（ＦＣＯＰ）」とキャリアオーナーシップ支援部

――２０２１年に阿萬野さんがEmployee Success本部長に就任した頃から、キャリアオーナーシップ支援が本格化していきます。

阿萬野　当社のパーパスやＨＲビジョンの実現に向けて、人材マネジメントのフルモデルチェンジを実施し、様々な制度を導入しましたが、それらが成果を発揮するには、やはり根底にある社員一人ひとりが自主的に取り組む意識が重要だと考えました。そこで全社員のキャリアオーナーシップ涵養に向けて、個人に着目した施策の充実を図り、「Fujitsu Career Ownership Program（以下、ＦＣＯＰ）」として体系付けました。

――ＦＣＯＰはキャリアオーナーシップを支援するためのプログラム群と理解していますが、２０２１年に一斉にスタートしたわけではなく、それ以前からあった制度も含めて、改めて体系付けたということですね。

阿萬野　そうですね。社員の働き方やキャリア意識については、採用部門や人材育成部門、就業ルールや給与、報酬を担当する部門などが、同じような課題意識を持ちながら、ある意味パラレルで動いていました。各部門でそれぞれに施策や制度を検討し実施してきたものの、相互のつながりが意識されていなかったので、それらをＦＣＯＰという形で整理し、一気通貫での取り組みにしたのです。これにより、支援する組織も、支援を受ける社員も、全体像を把握しながら活用できるようになり、足りない部分はあとから補うという形で施策を充実させていきました。

――2022年にはEngagement & Growth統括部の下に、専門組織である「キャリアオーナーシップ支援部」が設立されました。

阿萬野　これもＦＣＯＰと考え方は同じで、それまで各部門に散らばっていたキャリアオーナーシップに

■ FCOPの全体像を示すマップ

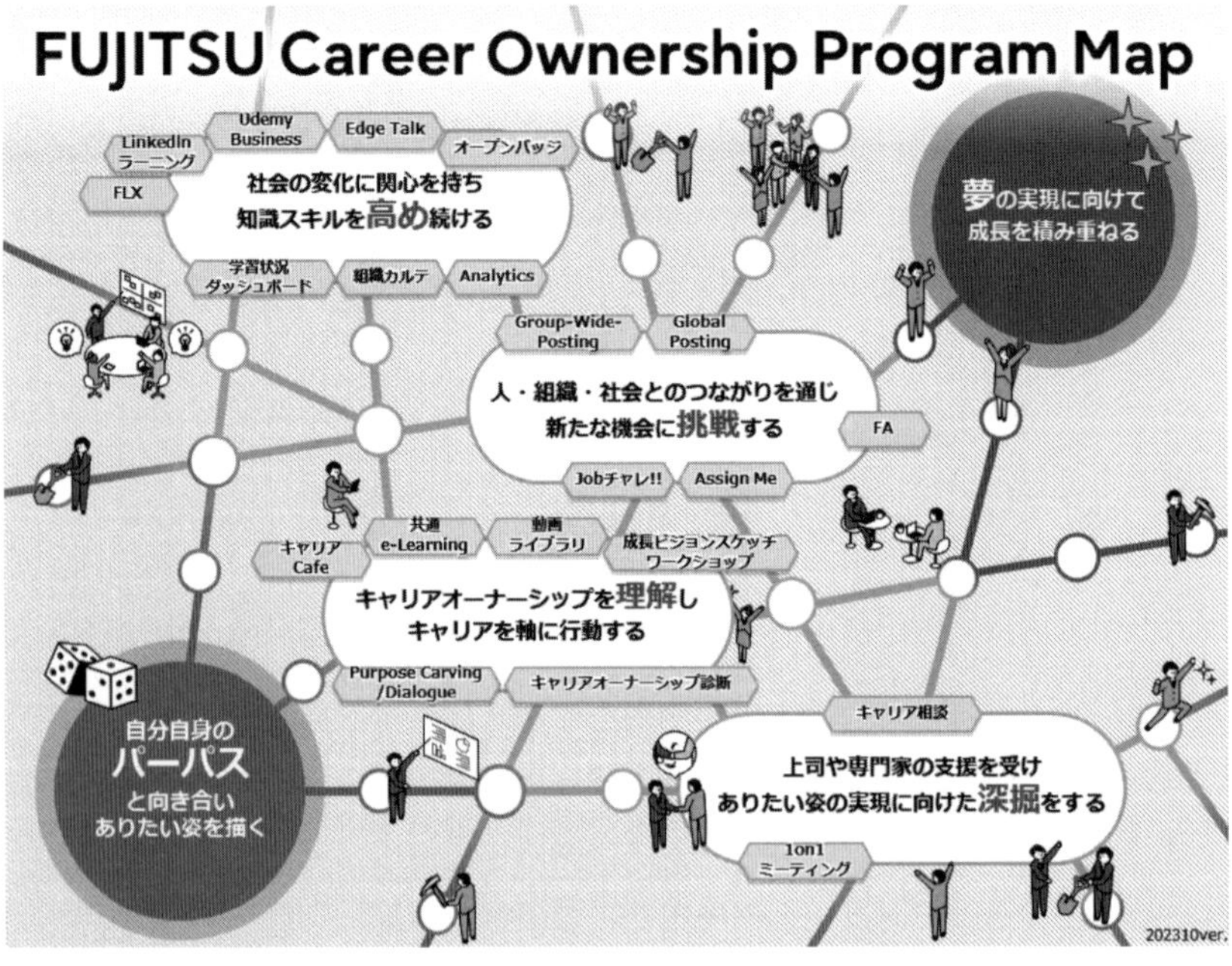

■キャリアオーナーシップを支援する施策の推移

● キャリアオーナーシップの理解と行動支援

キャリアオーナーシップとは何か、なぜ必要なのかを理解し、キャリアを日常的に考え自ら行動を起こすために、キャリアを意識するためのイベント「Career Ownership Days」や、キャリアについて社員同士が語り合う「キャリアCafe」、自身のキャリアオーナーシップの状況を把握する「キャリアオーナーシップ診断」などの支援プログラムを展開しています。

● キャリアを深掘りするための相談の場

社員一人ひとりのありたい姿を実現するために、上司や専門家に相談できる場を増やしています。日常業務の中では会話されにくい「組織ビジョンや変革テーマ、個人へのフィードバックやこれからのキャリア」などについて、上司と部下とで定期的に対話する「1on1ミーティング」や、キャリアの悩みやビジョンの実現に向けて、キャリアの専門家（社内キャリアカウンセラー）に相談できる仕組みを展開しています。

● 自ら学びスキルを高め続ける機会の提供

社員一人ひとりが自らのキャリア実現に向けて、いつでもどこでも自分に合った内容、方法で学べるよう、学びのポータルサイト「Fujitsu Learning EXperience」を設け、社内外の有識者から学べる56,000以上の研修を提供しています。また、リスキリングやアップスキリングの機会充実を図るとともに、学びの意識を醸成するイベント開催や、自身の成長を確認できるプログラム提供など、幅広い施策を展開しています。

● 新たな経験に挑戦する機会の提供

幹部社員への登用も含め、グローバルな規模で新たな経験に挑戦できるポスティングの機会を拡大しています。期間限定の異動で希望職種にチャレンジできる「Jobチャレ!!」や、異動を伴わず自部署にいながら希望するプロジェクトに参画できる「Assign Me」など、社内の人材流動化を加速させる制度を充実させています。

かかわる機能を集約したものです。具体的には、「キャリアオーナーシップの理解と行動支援」「キャリアを深掘りするための相談の場」「自ら学びスキルを高め続ける機会の提供」「新たな経験に挑戦する機会の提供」という4つの機能を集約することで、各施策の連動性向上を図りました。

――施策や組織を集約したことで、どのような成果があったとお考えでしょうか。

阿萬野　個々にバラバラで動いていると、どうしても大もとの目的が見えにくくなり、根本療法ではなく対症療法になりがちです。あるべき姿であるパーパスに向かって、今、何が足りないのかを把握し、そのギャップをどう埋めるかをバックキャスティングで考える。つまりパーパスドリブンで考えることで、全体の流れを紐付け、個々の施策を関連付けることができるのです。結果として、現場でのボトムからの問題意識による施策と、トップマネジメントによるパーパス由来の施策とが、うまく組み合わされたと感じています。

「キャリアCafe」や「Jobチャレ!!」「Assign Me」など独自の施策を展開

――FCOPを構成するプログラムの中でも、特徴的なものをご紹介いただけますか。

阿萬野　当初からの代表的な施策としては、対話型のワークショップ「キャリアCafe」が挙げられます。2021年から全社共通eラーニング「富士通のキャリアオーナーシップ」

を展開するなど、「キャリアオーナーシップとはこういうもの」「一人ひとりがキャリアオーナーシップを持とう」といったメッセージを繰り返し送ってきましたが、一方的な情報発信だけではなく、各年代の社員同士がキャリアについて対話できる機会「キャリアＣａｆｅ」も設けました。

――年代別の開催としたのは、どういう意図でしょうか。

阿萬野　２０１９年頃から継続的に社員のキャリア意識調査を行ってきましたが、やはり年代や世代によってキャリアについての考え方に差があることがわかりました。20代だと仕事や将来に対するワクワク感がある一方、将来への不安もあり

■キャリアCafeの開催

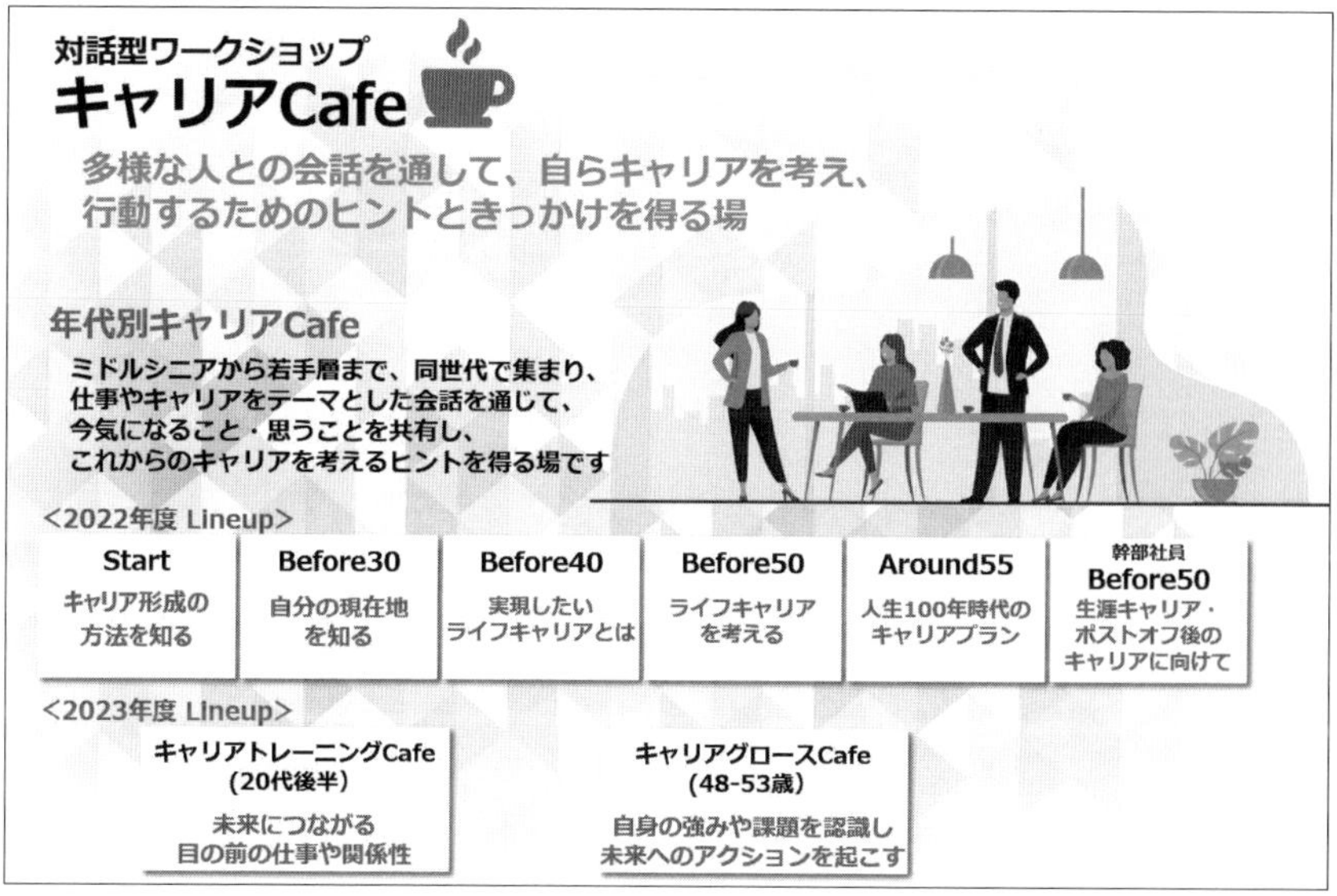
対話型ワークショップ
キャリアCafe
多様な人との会話を通して、自らキャリアを考え、
行動するためのヒントときっかけを得る場
年代別キャリアCafe
ミドルシニアから若手層まで、同世代で集まり、
仕事やキャリアをテーマとした会話を通じて、
今気になること・思うことを共有し、
これからのキャリアを考えるヒントを得る場です
<2022年度 Lineup>
Start
キャリア形成の
方法を知る
Before30
自分の現在地
を知る
Before40
実現したい
ライフキャリアとは
Before50
ライフキャリア
を考える
Around55
人生100年時代の
キャリアプラン
幹部社員
Before50
生涯キャリア・
ポストオフ後の
キャリアに向けて
<2023年度 Lineup>
キャリアトレーニングCafe
(20代後半)
未来につながる
目の前の仕事や関係性
キャリアグロースCafe
(48-53歳)
自身の強みや課題を認識し
未来へのアクションを起こす

ます。30代では仕事に対する視野が広がるとともに、このままでいいのかという焦りも生まれてきます。40代から50代になると、これまで組織内で培ってきたキャリア感から、世の中が変化していくことに戸惑いを覚える方も増えてきます。社内外も含めてセカンドキャリアを模索する人と、もう定年まで逃げ切ろうという人に二極化していくわけです。「キャリアＣａｆｅ」は、同世代同士でざっくばらんに語り合い、様々な現状を聞いたり、自分の考えを言葉にしたりすることで、「みんなはこう考えているのか」「だったら自分はどうしようか」と、今後のキャリアについて考えるためのヒントを得て、具体的な行動に結び付けてもらうのが目的です。

――「Ｊｏｂチャレ!!」や「Assign Me」といった制度は、一般的なポスティング制度とはどう違うのでしょうか。

阿萬野　「Ｊｏｂチャレ!!」は、私が事業部門で人事を担当していた時期に温めていたアイデアを実現したものです。ポスティングは、手を挙げた社員にとっては新しい仕事にチャレンジする機会でもありますが、一方で、元の職場からすれば「この人に抜けられると困る」というケースもあるわけです。そこで、より気軽にポスティングを経験できるよう、3～6か月という期間限定で異動する、いわば社内インターンのような制度です。短期間とはいえ、新しい職場を経験することでイノベーティブな発想を身に付けてもらうとともに、元の職場に戻った際に、新しい知恵や発想を持ち込んでくれることを期待しています。

――なるほど。「Assign Me」はまた違うのでしょうか。

阿萬野　「Assign Me」は全社ＤＸプロジェクト「フジトラ」の現場から出てきたアイデアを採用したもので、異動を伴わない、いわば社内副業です。例えば「〇〇プロジェクトを立ち上げます。興味があればフルタイムでなくてもかまわないので一緒にやりませんか」と募集します。異動する必要もないので上司としても安心して送り出せます。本人からすると、担当業務とは異なる体験ができて、社内の人脈も広がるメリットがあります。

キャリアオーナーシップイベント「Career Ownership Days」

――２０２２年には、オンラインでのキャリアオーナーシップイベントを開催されています。こちらの反響はいかがでしたでしょうか。

阿萬野　社員一人ひとりがキャリアオーナーシップを意識する機会を設けようと、２０２２年５月に「Career Ownership Days ― 私の可能性は、私が見つける、広げる ―」と題したオンラインイベントを開催しました。興味があるプログラムだけ、都合がつく時間だけなど、部分的な参加でもかまわないので、できるだけ多くの社員に参加してもらえるよう、２週間にわたり多彩なプログラムを用意した結果、延べ４千人以上の社員が参加する一大イベントとなりました。

――具体的には、どのようなプログラムを用意されたのでしょうか。

阿萬野　コンサルティング契約を結んでいる法政大学田中先生の講座や、平松ＣＨＲＯと現場マネージャーによる対談、年代を超えて気になるテーマ別に集まるキャリアＣａｆｅも試行し、ポスティング経験者の声を聞く機会をつくったり、成長ビジョンを語り合うワークショップを実施したりするなど、対話型、双方向型のプログラムを充実させました。参加者からは「自身のキャリアを考えるヒントが得られた」「キャリアオーナーシップを自分ごとにするよい機会になった」といった声が上がっていて、運営側としては確かな手応えが得られました。

――逆に、イベント開催を通じて気付いた課題はありましたか。

阿萬野　イベントに参加した社員はポジティブに受け止めてくれましたが、あくまで自由参加なので、やはり参加しなかった社員、参加できなかった社員もいるわけで、いかに全社に浸透させていくのかが課題です。一方で、参加者からも「こういうイベントはよい機会だけれども、普段はなかなか考える時間がない」との声も聞かれました。もちろん難しさは理解できるのですが、「自分の人生なのだから、そこは自分でスペースをつくろう」と伝えたいですね。スペースというのは場所ではなく、時間のスペースや頭のスペース、あるいは自分に投資するための資金面でのスペースのこと。移動時間だったり、極端にいえば入浴時だったり、その気になれば、少しずつでも考える時間を持てるのではないでしょうか。そうした時間は誰かが与えてくれるものではなく、自分で何とかしないといけない。ポスティングに手を挙げることだけがキャリアオーナーシップではなく、まずは自分のキャリアを日常的に考える、そのための時間をつくることから始めてほしいですね。

「キャリアオーナーシップ診断」で見えてきた課題

――もう一つ、ＦＣＯＰで特徴的だと思うのが「キャリアオーナーシップ診断」です。これはどのような仕組みでしょうか。

阿萬野　キャリアオーナーシップを持つといっても、初めて考える人からすれば、どういう状況がキャリアオーナーシップを持って行動しているといえるのか、ピンとこない人もいると思います。そこで、まずはキャリアに対する自分の意識や立ち位置を把握してもらおうということで、田中先生の監修のもとに開発したツールです。具体的には、16の質問に答えることで、自身のキャリアオーナーシップの状況が「アイデンティティ（自己理解度）」と「アダプタビリティ（変化対応力）」の二軸で評価され、「現状停滞」「関心分散」「自己固執」「未来創造」という4つのフェーズに診断されます。二軸の数値

■キャリアオーナーシップ診断イメージ

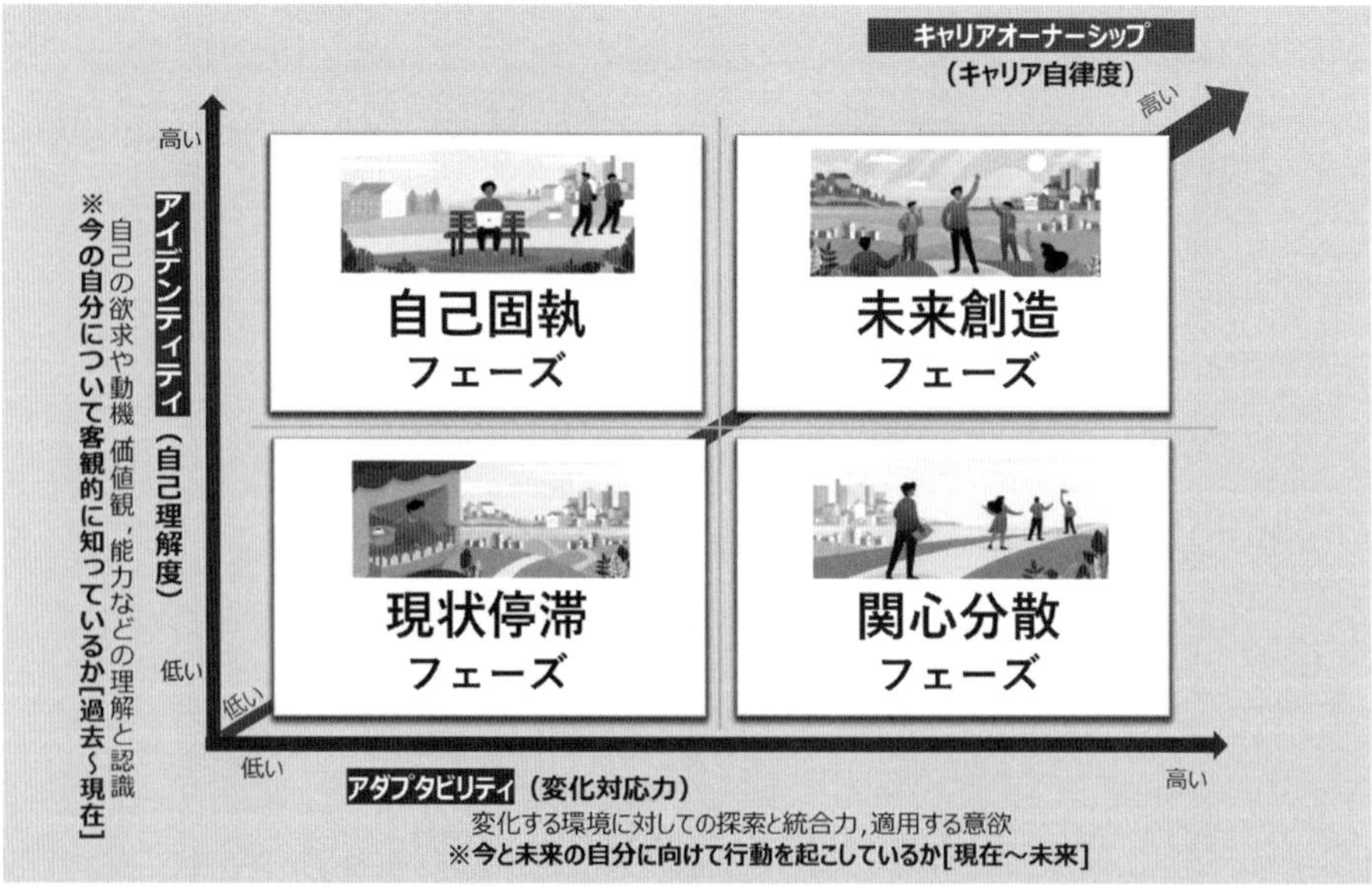

が高い未来創造フェーズに近づくほど、キャリア自律度も高いといえます。あわせて、キャリア形成に重要な10の行動ポイントについてのスコアと、行動のためのヒントが示される仕組みになっています。

――2022年にリリースされたとのことですが、現状でどの程度活用されているのでしょうか。

阿萬野　２０２３年12月時点で、富士通グループで約二万人が受診しており、現在はこのツールの有用性や有効性について、データをもとに検証しているところです。一方で、富士通内だけにとどめるのではなく、田中先生からご紹介いただいた「キャリアオーナーシップとはたらく未来コンソーシアム」の参加企業を中心とした外部企業にも活用いただいています。

――約二万人の受診結果から見えてきた現時点での課題などはありますか。

阿萬野　富士通社員の現状を見ると、アイデンティティもアダプタビリティもこれからという現状停滞フェーズが最も多く、リリース初年度は、70パーセント以上を占めていました。これに対し、最もキャリアオーナーシップ度が高い未来創造フェーズは、現在でも約10パーセント程度です。ただし、現状停滞フェーズのスコア分布を細分化して見てみると、全体の50パーセント以上が、未来創造フェーズにあと一歩という位置にいることがわかりました。何らかのきっかけや気付きがあれば、キャリアオーナーシップを持った行動を起こすことができる人が非常に多いとわかったのは、大きな成果だと思っています。

4 社内外からの評価と、キャリアオーナーシップの新たな展開

社内外からの確かな評価を糧に、キャリアオーナーシップのさらなる浸透を目指す

――富士通の人事施策に対しては、外部からも高い評価が得られています。特にキャリアオーナーシップ支援については、２０２３年１月には厚生労働省が主催する「グッドキャリア企業アワード２０２２」においてイノベーション賞を受賞。同年５月には「キャリアオーナーシップ経営ＡＷＡＲＤ２０２３」において人事／ＨＲの変革部門最優秀賞に選ばれていますね。

阿萬野　グッドキャリア企業アワードは、ほかの模範となるキャリア支援を推進している企業を表彰して広く周知することで、産業界全体での取り組みを促進することを狙いとした表彰制度です。そこに選ばれたことを誇りに思うと同時に、富士通のパーパス実現にも貢献できたと思っています。キャリアオーナーシップ経営ＡＷＡＲＤについては、ＦＣＯＰとして体系付けた諸施策がすべてつながって、大きなイノベーションになっている点が評価されたことに意義があると思っています。

――こうした外部からの評価は、今後の活動にも好影響をもたらすのではないですか。

阿萬野　社外からの客観的な評価が得られたということは、すでに取り組んでいる社員、これ

から取り組もうとする社員に対して、「間違ってない」「ちゃんと成功につながるんだよ」というメッセージにもなりますので、そこは期待したいところです。加えて、日々、試行錯誤しながら取り組んでいる人事部門のメンバーにとっても、その取り組みが社会から評価されているということがモチベーションにつながると思っています。今回の表彰を糧にして、引き続きキャリアオーナーシップの浸透に取り組んでいきたいですね。

――外部からの評価以外でも、施策の成果を実感される機会はありますか。

阿萬野　先日、平松さんがＥＳＧ説明会

「キャリアオーナーシップ経営 AWARD2023」の表彰式に出席する阿萬野さん

でも発表したように、キャリアオーナーシップ意識の高まりがエンゲージメント向上につながっています。それはデータにも表れています。そうしたデータを詳しく見ていくと、1on1ミーティングをしっかりやっている部署や、組織ビジョンを理解している社員が多い部署ほどエンゲージメントが高くなる傾向が見て取れます。私たちの施策は、要は働く意欲をかき立てるためにやっているわけですから、その成果がデータで裏付けられているということは、やはり自信につながりますね。

「Work Life Shift 2.0」など、次なるステージへの取り組み

――キャリアオーナーシップ施策を推進して数年経つわけですが、次なる展開としてはどのようにお考えでしょうか。

阿萬野　キャリアオーナーシップについては、まだ次の段階を考えるには至っていないというのが本音です。というのも、ジョブ型人材マネジメントについては、幹部社員に導入したのが2020年、全社員に拡大したのが2022年ですから、評価するにはまだ経験が少ないと考えています。今はできるだけ実態を詳細に把握しようと努めているところです。

――これまでとは異なる仕組みだけに、その成果をどのように評価するかも難しそうですね。

阿萬野　特に悩ましいのが、個人の成長に向けて目標をどう設定するかです。会社としては、容易に達成可能な目標ではなく、高い目標を掲げてもらいたい。皆が目標を達成できたけれど、組織としては何も変わっていないというのでは意味がありませんから。とはいえ、掲げたビジョンにたどり着くまでに、今、何をすべきかを考えるというのは、かなり大変な作業だと思っています。社員任せにするのではなく、１on１ミーティングなどを通じて、目標設定をしっかりサポートできるような、リーダー層の力量が問われるでしょう。

――一方で、新たな働き方を掲げる「Work Life Shift」については、次なるステージを迎えています。

阿萬野　２０２１年10月に発表した「Work Life Shift 2.0」は、よりイノベーティブな

■ Work Life Shift2.0のコンセプト

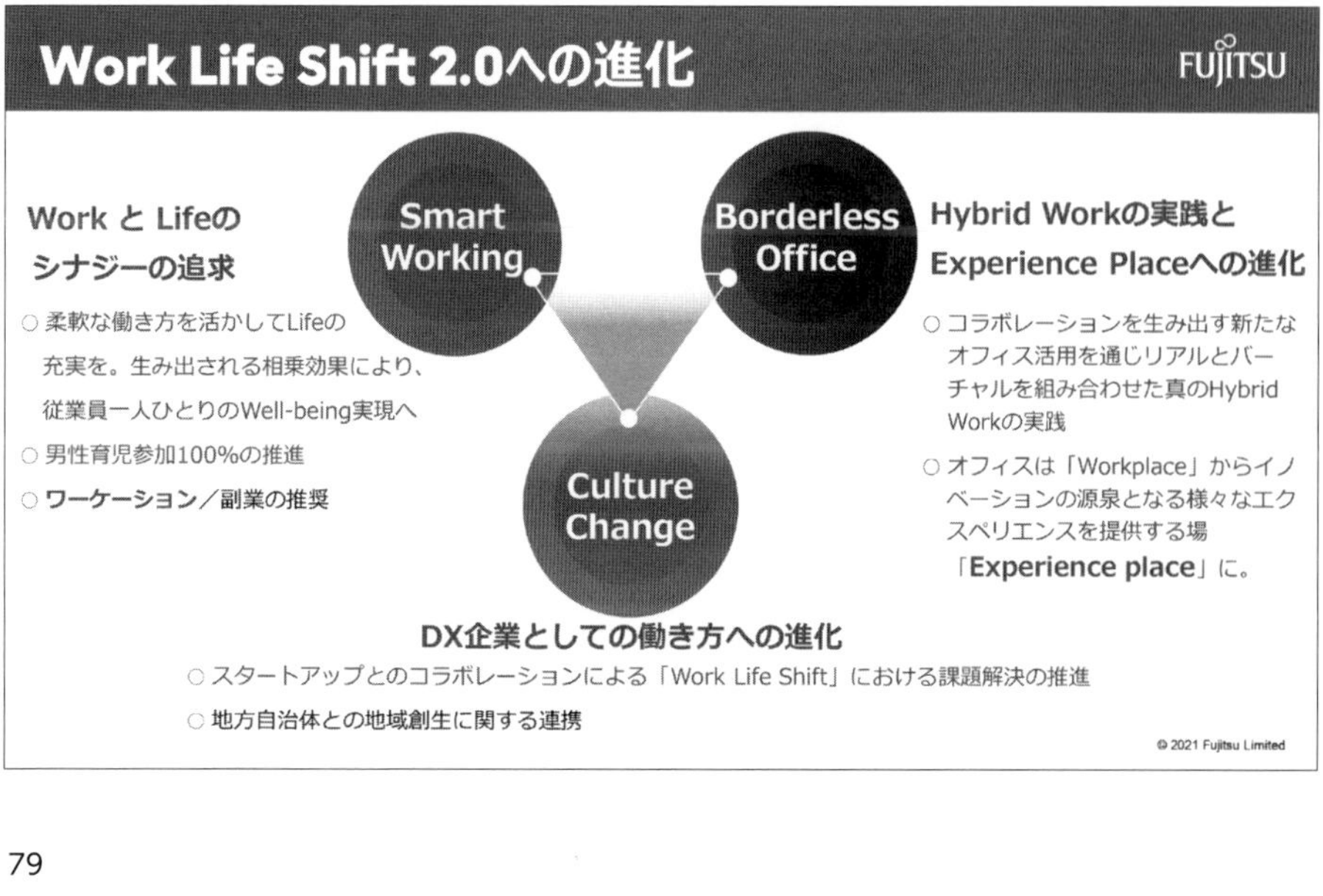

価値創造につながるようにパフォーマンスを高めていくことに軸足を移しています。その柱となるのが「Hybrid Work の実践とエクスペリエンス・プレイスへの進化」「DX企業としての働き方への進化」「ＷｏｒｋとＬｉｆｅのシナジーの追求」の三点です。２０２０年にスタートしてからの一年間の経験を通じて得られた知見に、最先端のＩＣＴを融合させて、働き方の改善と価値創造の相乗効果を追求していこうというのが基本方針です。

――「Work Life Shift 2.0」の発表から一年を経て、手応えはいかがでしょうか。

阿萬野　自社の売上や利益に大きく直結するまでには至っていませんが、自治体とのコラボレーションが始まったり、副業している社員の数が増えたりと、様々な変化が見られています。新たなキャリアやスキルの獲得に向けて副業に取り組む社員も増えており、キャリアオーナーシップが着実に浸透しつつあると手応えを感じています。

キャリアオーナーシップ＝セルフィッシュではない

――数年にわたってキャリアオーナーシップの浸透に努めてこられたわけですが、そこから得られた教訓のようなものがあれば、お聞かせください。

阿萬野　キャリアオーナーシップを推進する立場からするといいづらいことではありますが、中にはキャリアオーナーシップを履き違えているケースも見られます。「自分はやりたいことがあるので異動します。あとのことは知りません」というのは、ただのセルフィッシュであって、自律した働き方とはいえません。オーナーシップというものは、今後のキャリアだけではなくて、目の前の仕事に対しても発揮すべきものであり、一人ひとりが全うすべきものと考えます。そこは間違えないようにしてほしいですね。

――具体的には、どのようなケースが当てはまりますか。

阿萬野　例えば、お客様の重要なシステムを構築するプロジェクトが進行しているのに、「ほかにもっと魅力的なポジションがあるからそちらに行きます」というのでは、お客様に対しても、ほかのプロジェクトメンバーに対してもあまりに無責任です。私たちは皆、一人のプロフェッショナルとして働いているわけですから、そこには自ずと責任が伴います。新たなキャリアを求める自由はもちろんありますが、そこは周囲ときちんとコミュニケーションを取って、プロとしての責任を果たしながら、最適なタイミングを見定めることが求められます。それができない人間は、せっかくよいポジションに就いても周囲から信頼されるわけがありません。富士通が大切にしてきた「自律と信頼」の意味を、改めて皆で再確認したいですね。

キャリアオーナーシップ推進に求められる経営者の覚悟

――最後に、読者の方々に向けたメッセージをお願いします。

阿萬野　キャリアオーナーシップを推進するには、会社としては相当の勇気が必要になります。今までは「上意下達」とはいわないまでも、会社が目指す方向に進むよう、社員をコントロールしてきた側面もあると思います。しかし「VUCAの時代」と呼ばれる先の見えない環境で、次はどこに、どう向かっていけばよいのかがわからなくなる中、経営層やリーダー層がすべてを決めるのではなく、難しいことではありますが社員一人ひとりが自分の将来を決めていくというようにシフトチェンジしなければならないと思います。

――確かに難しいことですね。そうした決断ができない企業は淘汰されてしまう恐れも出てきますね。

阿萬野　「会社が決める方向性に従います」という社員ばかりでは、会社は持たないと思います。「会社がどうなろうと、私はこうやって生きていく」という強い意思を持った社員。いわばレジリエントな社員が多い会社こそが、これからの社会を生き延びていけるでしょう。キャリアオーナーシップは、そうした社員を育むための基盤であり、そこに思い切って舵を切ることが、これからの経営層の使命というか、責任ではないでしょうか。

――厳しい言葉ではありますが、それだけの危機感を持つべきだということですね。

阿萬野　経営層も、社員一人ひとりも、「健全な危機感」は持ってよいと思っています。特に、40歳後半から60歳までのミドルシニアで、「あともう少しの間なので逃げ切りたい」「もう自分にキャリア開発は必要ない」などと思っている人に対して、自分自身も含め「このままではいけない」という危機意識を持ってもらいたいですし、むしろ持たなければいけないと思います。自分の未来をよりよいものにするための健全な危機感を持つことが、「自ら主体的に動く」という意識や行動につながるはずですから。そのためにも、企業は社員に対してキャリアオーナーシップの重要性について訴え続けるべきだし、私たちも微力ながら、社会に対して発信し続けていきたいと思っています。

討論会

実践者が語る、富士通のキャリアオーナーシップ施策

ここまで社員のキャリア開発を支援する側に話を伺ってきましたが、ここからは実際にキャリア開発に取り組む側に話を伺います。

30代から60代まで、世代の異なる4名の富士通社員に、それぞれが実践したキャリアオーナーシップ施策の体験談や、そこから得られた気付きなどを語っていただきます。互いの談話から世代ごとの意識の違いも垣間見え、また新たな刺激を与え合う機会にもなりました。

井上《いのうえ》 玲於《れお》氏

新規ビジネスの研究開発を志望して入社した30代。現在は念願かなって、先端技術本部において次世代通信技術の研究開発に従事。

高橋《たかはし》 誠《まこと》氏

全社DXプロジェクト「フジトラ」所属。主に社内向けイベントや役員関連セミナーの企画・運営・配信を担当する50代。社内外で豊富な副業（複業）経験を積む。

竹田《たけだ》 義浩《よしひろ》氏

定年退職後に第二のキャリアを模索し、人材育成などを行う富士通ラーニングメディアに入社した60代。現在は講師として自身の経験を後進に伝えている。

福田《ふくだ》 紘子《ひろこ》氏

仕事と家庭の両立に奮闘する30代のワーキングマザー。ポスティングに手を挙げ新規事業開発部門に異動し、クラウドサービス基盤の企画・設計に従事。

「キャリアＣａｆｅ」で受けた刺激が、仕事への取り組み方を変えた

――井上さんは年代別のワークショップ「キャリアＣａｆｅ」に参加して、大きな刺激を受けたとのことですが、まずは参加した経緯を振り返っていただけますか。

井上　私が参加したのは２０２１年10月のことでした。同世代の社員が30人ほど参加していて、オンラインでの開催でした。それまで接点のなかった方ばかりでしたが、すごく盛り上がった印象があります。社員同士の対話も刺激になったのですが、一番印象に残っているのが田中研之輔先生の講演でした。キャリアオーナーシップの重要性については、それまでも会社からのメッセージとして発信されていましたが、正直、あまりピンときていませんで

した。田中先生の講義はとにかく熱量がすごくて、「キャリア開発を人ごとにしていてはダメだ、自分ごととして捉えなくては」と肌で感じました。

福田　「キャリアＣａｆｅ」は私も参加したことがあります。当時はポスティングについて悩んでいた時期だったので、いろいろな部署で働く同世代の意見を聞けて、背中を押された印象があります。井上さんは、田中先生の発言を受けて、何か行動に移したことはありますか。

井上　一番印象に残っている言葉が、自身のキャリアを開発するうえで、仕事を通じた社内外人脈など「社会関係資本の蓄積が重要だ」ということです。そこで、業務を通じてかかわった方々とのコミュニケーションを深め、一過性に終わらない関係づくりに努めています。

竹田　私が30代だった頃は、とにかく目の前の仕事に全力で取り組むしかなかった時代でしたので、キャリアについて考えたり、社員同士で語り合ったりする機会があるのは羨ましいですね。ここ数年間でいろいろな改革が進んでいますが、もっと早くやってほしかったと思います。

高橋　同感です。以前は周りを見る余裕はなかったですね（笑）。現在、私も社内外でコミュニティ活動をしていますが、人脈を広げていくことで、仕事上のメリットにとどまらず、いろんな気付きが得られると思います。

井上　確かに、以前は遠慮がちなところがありましたが、社会関係資本の構築に努めるうちに、自分の意見をしっかり伝えられるようになりました。また、なかには意見が合わない人もいますが、だからといって相手を否定する必要はないということもわかってきました。

高橋　価値観は人それぞれ異なるわけですから、合わない人がいるのも当たり前ですよね。お互いの個性を認め合う重要性に気付けたのは、素晴らしい経験でしたね。

竹田　私の時代は、合わなくても無理やり合わせていました。自分が上司に否定されたときに部下にも否定的なことをいいがちだった時期もありますが、「それは違うな」と気付いてからは、高橋さんのいうように、組織は多様性の集まりだと認識を改め、意見の異なる相手も受け入れられるようになりましたね。

井上　「自分がされて嫌だったことは他人にはしない」と心がけていますが、自分の中に選択肢が少ないと、されて嫌だったことでもやらざるを得ない場面が出てきます。多様な価値観を知ることが、自分の中の選択肢を増やすことにもつながるので、これからも機会を見つけて人脈を広げていきたいですね。

多様なポスティング制度を活用して、自身の活動領域を拡大

――福田さんは、「Assign Me」で社内副業を経験したあと、ポスティングで異動されたとのことですが、その経緯を教えてください。

福田　２０２２年10月に富士通がＪＲ川崎タワーにオープンしたｅスポーツルームの運営に、「Assign Me」を利用して携わりました。もともと富士通ｅＳｐｏｒｔｓ部に参加していて、ｅスポーツを通じて富士通を盛り上げたいと手を挙げたもので、キャリア開発というよりは趣味の延長ですが（笑）、普段の仕事ではかかわらない方との接点ができたのはとてもよかったと思っています。「Assign Me」は異動を伴わないので、ある意味で気楽に挑戦できましたが、実際にポスティングにチャレンジするかは一年くらい悩んでいました。

竹田　私たちの時代はポスティング制度もなく、今の世代は羨ましいと思うのですが、やはりいざ実行するとなると、心理的なハードルも高いのでしょうね。

福田　自分が新しい部署でやっていけるのか、新しい職場が自分を必要としてくれるのか、という不安もありましたが、一番大きかったのは環境が変わることへの不安ですね。元の部署では仕事も家庭も含めて自分なりのペースができていましたが、新しい環境に移ると、それらを全部変えなければならないかもしれない。そこに抵抗感がありました。

竹田　私も転職したいと思った時期がありましたが、自分だけではなく家族のことも考えると、待遇面の差が不安であきらめました。転職に比べればハードルは低いと思うのですが、ポスティングでも生活への影響は考えますよね。最終的に決断されたきっかけは何だったのでしょう。

福田　そこは勢いですね（笑）。上司に相談したり、ポスティング経験のある同期の話を聞いたりして、ポジティブなイメージを膨らませていました。ちょうど自分の職務経歴を書き上げたタイミングで、やりたかった新規事業開発の募集があったのでそのまま提出しました。

井上　私もいつかポスティングをしてみたいと思っているのですが、実際に異動したことで、どんな変化がありましたか。

福田　まだ異動して半年ほどですが、最初に所属したチームが、ほぼポスティングで異動してきたメンバーで構成されていて、みんなキャリアに対する意識やモチベーションが高く、仕事もポジティブに取り組んでいたので、すごくよい刺激を受けました。

井上　ポスティングで後悔しないための秘訣みたいなものがあれば教えてください。

福田　どうしても周囲の環境に左右される部分はありますが、仕事やプライベートを問わず「これだけは譲れない」という自分なりの軸を持っていたほうがよいかなと思います。私自身、周囲から無茶ぶりされることがあっても、「できないものはできない」とちゃんと伝えるようにしていますね。

高橋　田中先生の講演でも「できないことをできるといってしまう人がけっこういる」という話題がありましたね。ポスティングで異動した場合、新しい職場で自分を大きく見せたくて、そういってしまう気持ちもあると思いますが、結果として自分だけではなく周囲にも迷惑をかけてしまいかねません。私や竹田さんの世代だと「できません」とはいいづらい空気もありましたが（笑）、今の富士通は個人の意見を尊重できるようになってきたので、自分にできること、できないことをしっかり取捨選択して、自分の強みを活かしたキャリアを築いていきたいですね。

パラレルキャリアで活躍する人材を社内外で育てる

――高橋さんは富士通の全社ＤＸプロジェクト「フジトラ」を通じて、どのような活動をされていますか。

高橋　「フジトラ」はＤＸ人材を育てるための社内コミュニケーション施策に注力しています。例えば、最近では社員同士でオフィスにいる時間を見える化し、オフィス内の交流を促進する「ａｅｒｕｋａｍｏ（アエルカモ）」といったサービスを導入しました。こうした活動は、アンテナの高い一部の社員による活用にとどまりがちで、なかなか全社に浸透しないという課題があります。そこで、イベント開催などを通じて広く社内への発信に努めており、より多くの社員に自分ごと化してもらいたいと思っています。

――様々な施策があると思いますが、特にキャリアオーナーシップという側面で注力されてい

ることがあれば教えてください。

高橋　キャリアオーナーシップを実践するには、社内だけではなく社外にも目線を広げることが大切だと思っていて、その一環として、本業だけではなく副業（複業）に取り組むパラレルキャリアを推進しています。以前の富士通だと、社外との接点はあまりなかったのですが、私は40代後半になってパラレルキャリアに目覚め、社外のイベントに積極的に参加することで幅広い企業、組織の方と接点を持てました。

井上　具体的には、どのようにしてパラレルキャリアを推進しているのですか。

高橋　富士通内の社内有志活動として、企業内ＳＮＳツール「Viva Engage」を使ったコミュニティ「あつまれ！パラレルキャリア」を立ち上げています。そのコミュニティの投稿からも社内でパラレルキャリア人材が増えつつあることがわかります。また、副業申請をして、社外の仲間たちとともに社団法人を立ち上げました。本業以外でもキャリアを開発してきた人材を、パラレルキャリアとアントレプレナーを掛け合わせて「パラレルプレナー」と呼んでおり、そうした人材を育成することを目的としています。

竹田　社内での仕事と並行して、社外に法人を立ち上げるというのはすごいですね。そのモチベーションはどこから来ているのでしょうか。

高橋　私が大切にしていることは「まず自分が楽しみ、ワクワクすること」。そうでないと継続できないと思っています。法人もすぐに立ち上げたわけではなく、まずは1年間、コミュニティ活動やイベントをやってみて、その結果に価値があり、自分たちでも楽しむことができるようなら法人を立ち上げようと、仲間内で話していました。

竹田　自分の40代を振り返ると、仕事一辺倒で自分のやりたいことを考える余裕もなかなかありませんでしたから、なおさら高橋さんの取り組みには感心させられます。「仕事そっちのけで何やってんだ」みたいな、周囲からの反発はなかったのでしょうか。

高橋　周囲の反発を招かないよう、常に「本業優先」を徹底していました。本業でしっかりアウトプットを出しているからこそ、定時後や休日には自分の好きなことに取り組

めると思っています。

福田　私も今、社内外の仲間集めに悩んでいるのですが、高橋さんはどうやって集められたのですか。

高橋　基本的には、自分が話しやすい人に話しかけるようにしています。社内外でいくつかコミュニティ活動をしていますが、コアになるメンバーは、いずれも「この人と一緒に活動をしてみたい」と感じた人に、自分の気持ちをダイレクトに伝えて参加してもらいました。参加してもらえなくても、その方との関係が崩れるわけでもなく、イベント開催時に声をかける関係性が続いています。あとは、自分と得意分野が異なる方を誘うことが多いですね。私はオンライン配信が得意なので、例えば司会が得意な人やまとめ役が得意な人、一緒にやると何かおもしろそうなことができそうな人へ、積極的に声かけをしています。

福田　やはり自分がワクワクするかどうかが大切だということですね。参考になりました。

パーパスカービングで気付いた「本当にやりたい仕事」

――竹田さんは、定年退職後にやりたい仕事を見つけられたとのことですが、その経緯を教えていただけますか。

竹田　定年退職を迎える二年ほど前から第二の人生を模索していましたが、大きなきっかけとなったのがパーパスカービングでした。自分の過去を振り返ったときに、長く封印していた幼少期のいじめられていた記憶がよみがえり、それが職場で自分の意見を主張できなかった理由だと気付いたのです。そこから、自分のやりたいことを真剣に考えられるようになりました。

福田　私もパーパスカービングは印象に残っています。当時、同じ会社でも他部署の方とはほとんど接点がなかった状態で、全く知らない社員同士が互いを理解し合うよいきっかけになったと思っています。

井上　パーパスカービングは、私自身はよいことだと思うのですが、なかには自分の情報や過去をオープンにすることに抵抗感がある人もいるようです。「やらされている感」ではなく、主体的な対話にしていく秘訣があれば教えてください。

竹田　その後、グループ会社の社員を対象にパーパスカービングのファシリテーターを務めたことがありますが、皆さん、自分の好きな活動について語っているときは、すごくイキイキとしていて、その姿を見て「自分も好きなことに取り組もう」という気持ちが湧いてきました。ですから、パーパスやミッションを語ろうと意識せず、まずは自分の好きなことを語ってもらえばよいのではないでしょうか。

高橋　私も竹田さんと同様、いじめられっ子だったので、井上さんが指摘された抵抗感もよくわかります。いろいろな部署、いろいろな世代を組み合わせるなど、心理的安全性を高める工夫をすれば、より効果が出やすいかもしれませんね。

福田　竹田さんはその後、どうやって自分のやりたいことを見つけられたのでしょう。

竹田　自分が経験してきた仕事を振り返ったとき、SE時代に技術系のセミナー講師を務めたことがあり、受講者が自分の話に耳を傾けてくれたり、「受講してよかった」との反応を得られたりした時に感動したことを思い出しました。そこから「自分が経験したこと、学んできたことを、若い世代に伝えるような仕事がしたい」と強く思うようになり、人材育成や組織開発支援を行う富士通ラーニングメディアに入社することになりました。現在は富士通グループ内外を対象に、パーパスカービングのファシリテーターやデザイン思考の講師を務めており、楽しく充実した日々を過ごしています。

井上　ご自身がやりたいと思われて選んだ仕事だからこそ、楽しそうに語ることができるのですね。

世代を問わず実感する、富士通の変化

——近年の富士通はキャリアオーナーシップをはじめ人事施策に注力していますが、以前の富士通と比べて変わったという印象はありますか。

竹田　私自身、かつての富士通とは大きく変わったと感じていて、以前の職場の後輩と話していても、いろいろな改革を進めていることが伝わってきます。ただ、「変わっていない」という人も少なからずいて、やはり会社全体が変わるには時間がかかるのだろうと思っています。過去の富士通を振り返ってみると、新しい制度が定着する前に、また新しい制度が導入されるといったことが少なくなかったので、今の制度を辛抱強く定着させてほしいと思っています。

高橋　時田社長の就任以来、中途半端ではなく、やると決めたから徹底してやるという方向性が明確になってきて、それが3～4年続いていることで、少しずつ変わってきていると思います。実際、新入社員やインターンの方と話をしていると、「富士通っておもしろい会社」といってもらえることが増えています。キャリアオーナーシップに象徴されるように、昔に比べて社員一人ひとりが会社を動かしている意識が強くなっているので、これを継続していきたいと思いますね。

井上　昨今のキャリアオーナーシップ施策はすごくよいことだと思っていて、私自身、活用させていただいています。ただ、竹田さんもいわれるように温度差があるのが課題かと思っています。もちろん一概にはいえませんが、制度が浸透していない、活用できていない部署からすれば、ある種の不公平さを感じるかもしれません。

高橋　私が手掛けているセミナーでは毎回、応募者の統計を取っていて、確かに人数比率でいうと、開発現場であるＳＥ職よりも営業職（富士通ではＢＰという）やコンサル職、コーポレート部門のほうが多いですね。ただ、現場の方も自身が興味のある内容であれば積極的に参加してくれています。特に最近では口コミによる参加者が増えていて、「継続は力なり」といわれるように、少しずつ魅力が浸透しつつあると思っています。

福田　私もＳＥ経験があるので、参加したいセミナーがあっても、時間がなくて出られないというのはよくわかります。もう少し時間や気持ちに余裕を与えてもらえるような施策もあるとうれしいですよね。

竹田　特に現場のＳＥはお客様の要望や納期に合わせて働かざるを得ない側面が強いので、なかなか余裕も持てないですよね。結局のところ、富士通だけが制度を変えたとしても、お客様も含めた日本企業全体が変わらないと、効果は限定的かもしれません。この書籍を通じて、富士通の活動を広く社会に浸透させていきたいですね。

福田　一方で、大きく変わったと思うのは働き方です。10年くらい前は仕事と育児の両立で悩んでいるという話はよく聞きましたが、最近では私も含め、性別を問わず子育てしながら働きやすい会社になってきていると思います。他社の友達の話を聞くと、産休や育休などの制度が整備されていない会社もまだまだあるようなので、社会全体で取り組みが進んで、いくといいなと思っています。

井上　今の時代の価値観では、家庭で子育てするのは女性の役割という意識も薄まってきています。私も将来は育児に参加したいと思っているので、家庭を大切にできる制度があるのはうれしいですね。

高橋　昔だと残業や休日出勤が当たり前のような働き方で、家族のためにできることも限られてしまい、奥さんだけに負担をかけていたと強く感じています。最近では、各種制度のおかげで家庭に割く時間が増えていて、「明日は子どもの学校行事があるので休みます」と普通にいえる環境があります。そういう点では、キャリアオーナーシップやWork Life Shiftが根付きつつあるのかなと思っています。

竹田　すごく共感しますね。井上さんのような若手からすると、以前の富士通のような働き方は考えられないのではないですか。

井上　私は体力に自信がないので、正直きつい気がしますが（笑）、当時の考え方や価値観も尊重したいと思っています。ひと昔前は社会全体が働くことを優先する時代で、現在は個人が尊重される時代、数十年後にはまた違った考え方や働き方になるかと思います。実際、私よりも下の世代と話をしていても、オフラインでのコミュニケーションは避けられがちなど、世代の違いを感じています。いずれは自分も過去の世代になるわけですから、一概に過去の考えを否定せず、歩み寄れる自分でありたいですね。

読者へのメッセージ

――最後に、読者の方々にメッセージをひと言ずつお願いします。

井上　自分が感じたことを大切にしてほしいと思います。私の場合、よく自分の考えが周囲にとってどうなのか、組織のミッションと照らし合わせてどうなのかと考え込んでしまいがちです。もちろん、そうした考慮が必要な場合もありますが、まずは自分が何をしたいかという想いを大切にして、周囲の人々と対話しながらブラッシュアップしたり、実現に向けて取り組んだりしてほしいですね。

福田　周囲に流されるというのは、自分で頭を使わないので、すごく楽な面がありますよね。流されるのが必要な場面もありますが、だからといって流されるままではなく、自分で考えて選択するという姿勢こそが、キャリアオーナーシップだと思います。自分のやりたいこと、好きなこと、得意なことなどをしっかり考えて、それが今いる部署、今いる会社でできるのかを考える機会を持っていただきたいと思います。

高橋　私が様々なコミュニティ活動に取り組む中で大事にしているのが、その活動を通じて自分がもう一歩成長すること。その反面、まだ何もわからないという初期段階では、周囲の仲間にいわれたことに、少し流されてみるのもよいかもしれません。そこで何かの気付きや発見があり、次第に自分で考えていけるようになると思います。

竹田　最近では社会貢献活動の一環として中学生のキャリア支援に取り組んでいます。すでにやりたいことに向かって努力している子もいれば、やりたいことが見つからない子、やりたいことがあっても親にいい出せない子もいます。大人になってからも、家庭やローンに縛られて実現できないことも多々ありますが、私も本当にやりたいことが見つかったのは最近のことです。いつかは実現する機会があるはずなので、自分のやりたいことは諦めずに、大切にしてほしいと思います。

第3章

それぞれの立場から見たキャリアデザイン

クロストーク1

「つながり」が創る社員のキャリアと組織のカルチャー

第2章では、富士通のキャリアオーナーシップへの取り組みを紹介しましたが、本章では、異なる環境下にいる企業や社員または個人が、何を考え、何を感じているのか、リアルな声をお届けいたします。

まずはじめは、独自の視点で社員教育に注力する富士通コミュニケーションサービス（略称CSL）です。2021年度からスタートした取り組み「ミライ探究ゼミナール」を中心に、企画・運営の担当者とゼミナールの参加者、合計6名にインタビューを行いました。

富士通コミュニケーションサービス
「ミライ探究ゼミナール」

運営スタッフ

小池《こいけ》 章良《あきら》氏

実行責任者として2021年7月から取り組み、施策の企画・検討・運営を推進。

松本《まつもと》 祐一《ゆういち》氏

初回より、本企画のプロデュース、コンテンツデザイン、プログラム終盤のファシリテーションを担当。

ゼミナールの参加者

小嶋《こじま》 彩香《あやか》氏

一期生として取り組みに参加。現在は3チームのリーダーとして、最適なQCDの実現・管理とDX化に向けた取り組みを進めている。

大塚《おおつか》 恵子《けいこ》氏

実行委員長として2021年7月から取り組み、施策の企画・検討・運営を推進。

野田《のだ》 真輝《まさてる》氏

二期生として取り組みに参加。現在は現場でのリーダー業務およびOJTを担当しながら、同時に社内での横のつながりを強化することに取り組んでいる。

一倉《いちくら》 広美《ひろみ》氏

2021年の登壇がきっかけで、翌年より企画・検討・運営にかかわる。

対話の文化が社員のキャリアを創る

――「ミライ探究ゼミナール」の誕生背景とその経緯を教えていただけますか。

小池　当社は国内初の企業向けヘルプデスク専業会社として1994年に誕生し、コンタクトセンターの運営やヘルプデスク、セールスサポートなど、幅広く事業を拡大してきました。定められた業務に確実に取り組む姿勢は、私たちが大切にしていることではありますが、一方で、ルーチンワークになりがちな面もあります。また、事業の特性上、お客様のオフィスに常駐するケースが多く、社員同士のつながりや交流の機会が少なく、一体感を育むことに課題を抱えていました。当初は社員の背中を押すような気持ちで始めた取り組みですが、活動を経てキラキラしていく社員を見ているうちに、当社に限らず、広く社会で活躍できる人材になってもらいたいとの願いも出てきました。

一倉　もともとは、富士通製品を導入いただいたお客様の困りごとをサポートするところから始まっており、今でも「お客様をサポートする仕事」を主体にしています。キャリア入社の社員も多い私たちの会社は、様々な経歴を持った人が集まっています。社員教育も業務に必要なスキルを一様に身に付けてもらうのではなく、社員一人ひとりの「人を助けたい、サポートしたい」といった気持ちを重視し、「そのためにどんな知識やスキルが必要か」を模索しながら、多岐にわたった育成をしています。

松本　私は一貫して「会社をおもしろくしたい」「社員を元気にしたい」と考えています。今は人材育成がミッションの部署に所属していますが、社員一人ひとりが自らの価値観を土台として、自身のキャリアを考えられる「場」が必要だと考え続けてきました。その「場」で仲間と対話して相互に気付きを深めていくことが、社員一人ひとりの成長にもつながり、会社の成長にもつながっていくと思っています。

小池　私は以前から「若年層向けの教育施策が不十分では」という問題意識と、「その世代の成長を後押ししたい」という漠然とした想いを抱いていました。私の勝手な印象としては、当社は

ざっくばらんな雰囲気のもと、笑顔が絶えなかった取材現場

どちらかといえば内向きタイプの社員が多いイメージがあり、もっと広い世界に目を向けてほしいと常々考えていました。社外の方の話を聞くのはもちろん、社員同士で互いの話を聞くだけでも視野が広がるかもしれない。そんな想いがきっかけで、企画を始めました。

松本　最初はリーダーシップ研修の実施に近い相談でしたが、意識や行動の変革を促すには、研修よりも、まず社員自身の根っこにどんな気持ちがあるのか、「対話」を繰り返して気付きを深めるアプローチがよいと考え、私から小池さんに提案しました。結果、約半年の時間をかけて深めていくことに理解を得られたので、月に1回、全6回という枠組みを決めて「対話の場」を企画しました。

大塚　私は、施策の検討を始めた2020年にマネジャーになりました。まだまだ経験不足で、特に1年目はこの施策のゴールイメージが持てない状態から始まりました。全6回の企画の中で1回ごとに参加者の方が変わっていく様子を目の当たりにし、終盤が近づくにつれ「終わるのが寂しい」といった声も聞こえてきて、私自身も参加者の皆さんと一緒に走りゴールしたというのが正直な1年目の印象です。

松本　研修ではないといいつつも、必要に応じて研修的な要素も盛り込みました。また、社外の方の話を聞いたり、社内のことをテーマに向き合ったりして、自身の声に耳を澄ませる時間を設け、普段の仕事にも作用するような施策を盛り込んでいったつもりです。ネーミングもキャッチーでおもしろくしたいと思っていました。あまりシリアスになってもよくないし、ただ単に笑い合ってばかりでもいけないと考え、「ミライ探究ゼミナール」と命名しました。略して「ミラ探」と呼ばれ、実施しながら親しみを感じられる施策として浸透していった印象があります。

小池　真面目一辺倒で考えていると、どんどん内容がつまらなくなっていきますよね。なので、「より楽しく、おもしろく」を合言葉として、皆さんが好き勝手に議論して、気が付いたらカリキュラムが変わっていることもあって（笑）。運営側も楽しみながら企画を進めたことが「ミラ探」の魅力につながっていると思っています。

大塚　今回の「ミラ探」も、講師が前に立って教

■ミライ探究ゼミナールの開催実績

開催年度	2021年度 （第1期）	2022年度 （第2期）	2023年度 （第3期）
期間	2021年11月〜 2022年3月	2022年7月〜 2023年1月	2023年7月〜 2024年1月
参加者	22名 （男性9名、女性13名）	25名 （男性9名、女性16名）	26名 （男性11名、女性15名）
対象年齢	20代〜30代		

えるスタイルではなく、社員が自発的に気付きを得る場にしたいと思っています。参加者の皆さんにも「一方通行じゃなく、双方向でやりますよ」ということを最初に強調しました。

選択しない勇気と踏み出す勇気

――それでは、実際に参加されたお二人に感想を聞いてみましょう。

小嶋　私は顧客先に常駐して勤務する形態のため、普段は他部署の人とかかわる機会がほとんどありません。「ミラ探」では、最初に参加者同士で自己紹介した時点から、「同じ会社でも、これほど多様な仕事があるんだ」という驚きがあり、「いろいろな人の話が聞けて楽しいな」という印象が大きかったです。コロナ禍での開催でしたので、対面する機会はなかったのですが、半年間、同じメンバーで過ごしたので一体感が育まれました。正直、最初はやはり一般的な研修のイメージを持っていたので、「教えてもらう」という意識で参加しました。しかし自分たちで話し合い、意見を出し合う場が多かったので、回数を重ねるごとに、一緒に参加している仲間と対話できることが楽しみという意識に変わっていきましたね。

野田　私たち二期生は、半年間続けた「ミラ探」の最終日に対面の機会があって、それまでオンラインで対話を重ねてきた仲間と会えるのがすごくうれしかったですね。ここで築けた関係性を、このあとどうやってつなげようか、ワクワクしながら終わったような感じでした。私も、最初は研修という意識が強く、正直なところ「失敗してはいけない場だ」と感じていました。ところが、参加者同士の対話やグループワークの時間が多く、みんな同じ気持ちであることがわかり、徐々に警戒心が解けて参加することが楽しくなっていきました。また、松本さんから「前に進むことだけが選択肢ではなく、選択しないことも一つの選択肢」といわれて、よい意味で力が抜けました。それまでは、一歩踏み出すことができない自分を責めてしまう感覚がありましたが、少し立ち止まって、自身を見つめ直しながら考える余裕が出てきた感じがあります。自分がすごく変わったなと感じることは、「今、どういう選択をすべきか」を日ごろから自発的に考えられるようになった点です。「ミラ探」が終わり半年たった今でも、自分の指針になっています。

小嶋　「ミラ探」に参加していた当時、最後に大きくメモしていたのが「自分の可能性を狭めない」という言葉でした。私にとっては、最初に踏み出す一歩目というのがすごく重く、初めてのことに対して苦手意識を持っていました。今では何事も「やってみる」ことを心がけていて、声をかけてもらったことはとにかく引き受け、自分から踏み出すようにしています。例えば、社内コンペが開催されたとき、昔の自分だったら「いやいや、そんなのいいです」と尻込みしていたと思いますが、最近では、「ちょっとやってみようか」という気持ちが出てきました。実際にやってみて、知らない世界に触れてみると「意外と楽しいな」という、今までになかった感覚を味わえ、次の一歩を後押ししてくれています。それは、「もし困ったら周りが必ず助けてくれる」という安心感が育まれたからこそ持つことができたマインドだと思っています。

野田　私はキャリア採用で、社内の人脈がほとんどありませんでした。境遇が同じ社員同士のつながりを持ちたいという気持ちがあり、以前から「集まる機会がほしい」といい続けていましたが、人任せだったこともあり実現には至っていませんでした。そんな中、「ミラ探」に参加したことで「自分から動く」という意識が芽生え、自主的に社内で集まる機会を企画しました。結果として20名ほど集まってもらえました。正直、企画も関係者間の交渉も大変でしたが、苦労した分だけ達成感も大きく、当日は「企画してよかったな」という気持ちでしたね。

松本　今、二人から出てきた言葉は、私自身が仕事の中で大切にしているキーワードばかりです。「仕事上で周囲と笑い合える関係や環境は、ないよりはあった方がよい」と常に思っている私にとって、率直にうれしい言葉ですね。

互いのモヤモヤと向き合うことで醸成してきた関係性

――改めて運営陣の皆さんにお聞きします。「ミラ探」を運営するにあたって大切にしてきたものは何でしょうか。

小池　これから社会がどう変化していくかわからない中で、個々の「人の力」が、より重要になるのではと思っています。私が考える「人の力」とは、コミュニケーション力や愛嬌、自らつながりを生む力です。それらを培うために広い世界を見てもらいたいというのは、崩したくない前提ですね。

大塚　私の中では、「笑顔になってほしい」という想いがあります。自分自身、マネジャー向けの研修に参加し、社内の同じレイヤーのメンバーと知り合えたことが大きな財産になっているので、「ミラ探」も「つながるための場」という意識で取り組んでいます。

一倉　「つながり」というのはすごく共感します。私は、周囲の意見や考えを引き出し、自分の中に柔軟に取り込んでいける大塚さんの姿勢に好感を持っています。大塚さんは参加者がいいたいことをいえる雰囲気をつくりながら、上手に意見をまとめて次回につなげてくれました。そうした対話を重視する姿勢は、運営陣に共通していると思っています。

松本　私はよく「モヤモヤを楽しもう」といっています。人の原動力の正体は、モヤモヤすることではないかと思っています。自分ではこれを「片想い」と呼んでいます。欲しいものが得られないというのは、心が最も頑張ろうとする状況だと思うからです。「なりたい自分になれない」「欲しいスキルが身に付かない」といったモヤモヤがあるから頑張るし、「会社が○○してくれない」「上司が○○してくれない」といったモヤモヤがあるから、どう改善すべきか考え始める。モヤモヤは出発点なので、それを抱いている現状は決して悪いことではありません。片想いし続けながら、言葉にして行動してみること。そんなかかわりが必要だと思っていますし、仲間同士でリフレクションと対話を繰り返すことで、組織のチカラが高まると信じていま

す。

――「モヤモヤを楽しむ」ことについて参加者のお二人はどう感じていますか。

小嶋　私は「ミラ探」に参加するまで、すごくモヤモヤを抱えていました。というのも、自分の所属するプロジェクトが、周囲との関係性が希薄で「何か寂しいな」と感じていたからです。それこそずっと片想いをしていたわけです。「ミラ探」に参加したことで、両想い、つまり周囲との関係性を築いていくためにはどうしたらいいのか、自分から考えるようになり、いえるようになってきたこと、それが変化の源泉だと思います。

野田　私が一番モヤモヤしたときは「ミラ探」最終回で、グループワークがうまく進まず、メンバー同士で問いかけ続けても、みんなが納得できる結論まで至らない状況でした。議論が活性化した側面もありますが、モヤモヤした感覚が強く印象に残っていますね。

松本　モヤモヤが残るというのはアリだと思っています。モヤモヤが考え続ける原動力になるからです。何度もしつこく振り返り、問い直すというのも、とても大事だと思っています。モヤモヤを言葉にすることこそが第一歩であり、踏み出すということだし、そうすることで、応援してくれる人や手を差し伸べてくれる人が現れますよね。

野田　「片想い」でいうと、「ミラ探」が終わったあとに、リアル片想いになってしまいました（笑）。一緒に参加したメンバーや運営の皆さんに、今後もつながりを持ちたいと一人ひとりにメールを送りました。おかげで、モヤモヤしたときの相談先もすごく増えましたし、相談すること自体をポジティブに捉えられるようになりました。

リフレクションと対話が生み出した「人が引き合う組織」

――醸成されてきた関係性と文化から生まれた課題はありますか。

小池　可能性を広げた結果、当社を去った参加者もいたので、組織としてそこは課題といえるかもしれません。もちろん当社で活躍してもらいたいですが、いろいろな選択肢があるということも、個人の可能性を広げるという意味ではよいことではないでしょうか。

大塚　なるべく社内で未来を見つけてもらいたい気持ちはありますが、本人が外部に未来を求めるのであれば、尊重したいと思います。私自身も転職経験があるので、いろいろな会社を見ることで視野が広がりますし、社内にいたときにはわからなかったよさも見えてくると思います。退職後も関係が続き、刺激を与え合えればよいですし、さらに幅広い経験を積んで戻ってきてくれることもあるのではないかと思っています。

松本　当社を選ぶか他社を選ぶかは、一人ひとりが「自分と引き合うのは誰か」で判断すればよいと思っています。「ミラ探」のような活動を続けて、小嶋さんや野田さんのように社内のつながりを広げ、強くする社員が増えれば、退職するケースはむしろ少なくなるのではないかと思います。対話を通じて「この人たちと一緒に何かやりたいな」という気持ちを育むことが、ある意味でチームビルディングなんですよね。

一倉　そうした関係性を社内全体に広げることに意味がありますよね。つながるというのは、よい面だけではなく絡まって抜けられないような感覚を引き起こすケースもあります。そうしたときに、今の現場で居心地が悪ければ、社内の違う現場に異動するという考えもあります。社内に広くつながりを持てば、そうした目線が自然と生まれるはずです。従来だと、「今の現場がダメだから辞めるしかない」というケースがあったかもしれませんが、ほかに活躍できる場を持てるような、開かれた会社にすることで、社員一人ひとりの力をより活かせるようになると思います。

大塚　「ミラ探」は若手社員の全員参加ではなく、幹部社員の推薦、かつ本人の意思で参加する形なので、その成果をいかに全社化するかを考えていきたいですね。もちろん、そうした場が苦手な方もいますから、無理に参加してもらう必要はなく、別の施策も用意しています。自ら進んでキャリアを見つけたいという人は「ミラ探」に参加してもらい、そうではない人にはほかの学び方もありますよ、というのが会社としてのスタンスです。ただ、手を挙げるのが苦手な方にこそ、広い世界を知る機会が必要だと思うので、そこは「ミラ探」参加者から波及していくことを期待しています。

松本　今は多様性の時代といわれますが、職場のマネジメントで大切なのは、多様な個性を互いに尊重し合い、「それいいね！」「あなたはあなた」といったかかわり合いが浸透することだと思っています。それができる組織が、本当の意味で強い組織になるのではないかと考えています。今後もその方向を目指して取り組んでいきたいですね。

野田　私は最近、上司にも意見を伝えられるようになりましたし、後輩から意見を聞いて、それを上司に伝えることも増えました。その意味では、私自身も成長できましたし、上下のつながりを強くできたのかなと感じています。そこは「ミラ探」に参加して、「自分の意見をいってもいいんだ」という心理的安全性が培われたおかげだと思っています。

小嶋　私も、後輩とよく話すようになり、以前に比べてつながりが強くなったと感じています。今はちょうど職場のマネジャーが異動され、これから新しい上司との関係性を築いていくというタイミングです。自分を起点にしたときに、後輩だけではなく、上下いろいろな人とのつながりを築き、強くしていきたいなと思っています。

対話を起点とした「社員のキャリア開発」と「組織のカルチャー醸成」

――最後に、今後のキャリアと組織のあり方や展望について考えをお聞かせください。

小池　職場内の関係性をどう築くか、どのように部下のキャリアを支援するかは、各職場のマネジャーに依存しているところがあって、それぞれの考え方によって、かなり差がありま す。マネジメントの仕方は人それぞれなので、すべて統一する必要はありませんが、ベースとなる考え方は、しっかりと浸透させていく必要があります。最低限のベクトルをどう合わせていくかは、会社としての大きな課題だと思っています。

一倉　私は社内報などを通じて社内への情報発信を担う一方で、一年目にはスピーカーとして登壇し、二年目から運営にも加わるようになりました。そうした中で感じた一番の「ミラ探」の魅力は「現場発」という点です。現場から生まれたからこそ、運営する側が、参加者と一緒になって、それぞれがいいたいことをいいながら、自分なりの答えを探していく。それが参加者に心理的安全性を与えて、成果につながったと思います。

松本　「ミラ探」から派生させた「しなやかカンファレンス」（しなカン）もうまくいっていま

す。「しなカン」は経営陣に当社の目指す先を語ってもらい、社員同士で「そのためにどうするのか」「自分はどこを目指すのか」を語り合ってもらう対話の場です。一回二時間の短いものですが、日ごろはあまり接点を持たない経営陣と社員、また社員同士がつながる場として、社長の発案で始めたものです。

一倉　社長がよく使っている「しなやか」という言葉を、対話を通じて社内に広げ、カルチャー変革を後押しする場を社内に育てていきたいと思っています。こうした文化ができてきたのも、「ミラ探」の成果といえるかもしれません。インナーブランディングとキャリア開発は密接につながっていて、社内に新しいカルチャーを醸成していくために広報の役割も大きいのではないかと考えています。

松本　私は、このような取り組みを今後も続けていきたいと考えています。20～30パーセントの社員を対象に続けていくうちに、周囲に影響が波及するのではないでしょうか。その20～30パーセントの社員たちの目の色が変わり、使う言葉も変わってくると、周囲からも「最近、キラキラしてきましたね」といった声が上がってくるでしょう。そこから対話が生まれ、じわじわとカルチャーが変わっていくのではないかと考えています。無理に全員をゴールに連れていくのではなく、社会や顧客へのニーズに対応することも意識するために事業との連動も考慮しながら、「自ら目指す方向を定めることができる社員」を増やすことが、私たち人事部門の役割だと思っています。

大塚　小嶋さんの後輩が「ミラ探」三期生として参加していて、よく「小嶋さんの背中を見ている」といっています。職場での対話を通じて、小嶋さんから彼女に伝播しているものがあると思うので、そうしたつながり、関係性を、もっと各職場で広げていくようにしたいですね。

一倉　「ミラ探」に参加された皆さんの目の色が変わってくるのを目の当たりにして、私自身も刺激を受け、自分の考え方や行動が変わってきた実感があります。こうした取り組みは、周囲に伝播し、じわじわと変わっていくと思いますので、私も広報として発信し続けていきたいです。当社はお客様サポートから始まった会社なので、ベースにあるのは「困った人を助けたいという想い」なんです。そこをさらに追求し、これまでの会社の歴史を知り、お客様の困りごとを知り、その背景にある社会情勢を知ったうえで、自分が大切にしたい想いは何かを考えていく。そうした「不易流行」を全社で進めていくことが必要な時期だと考えています。

クロストーク2

勤続33年の会社員と、5社を経験する会社員が語る「働く」ということ

ここからは、個人の目線からキャリアを見ていきましょう。

初めて就職した会社で定年まで勤める方もいれば、新たなステップを求めて離職や転職を経験する方もいるように、キャリアの積み重ね方は人それぞれ。本クロストークでは、「勤続33年の会社員（50代）」と「5社を経験する会社員（30代）」という、一見対照的なお二人にご登場いただきました。

田中《たなか》 豊《ゆたか》氏

1990年に花王株式会社へ入社。人事・人材開発業務に従事し、本社以外にも工場・研究所やグループ会社などで経験を積み、現在は本社 人財戦略部門 キャリア開発部 マネジャー（ライフキャリア担当）兼キャリアコーディネーター（人事異動・能力開発担当）として勤務している。新任マネジャー研修や小学校での"手洗い講座"などにも登壇。国家資格キャリアコンサルタントや2020年に卒業した「ライフシフト大学」の学長補佐としても副業で活動中。

大竹《おおたけ》 悠介《ゆうすけ》氏

1989年、埼玉県所沢市生まれ。大学でジャーナリズムを専攻した後、広告代理店、映画会社、教育系スタートアップ企業などを経て、現在は総合ディスプレイ業大手の株式会社丹青社で地域共創プロジェクトのプロデュースに携わる。またマイプロジェクトとして、2018年より地元・西埼玉の編集プロジェクト「西埼玉暮らしの学校」を主宰。週末限定の小さな古書店「サタデーブックス」を運営する。マイテーマは「ローカルな文化スポットと公共圏」。

「一つの会社で歴史を築いてきた田中さん」と「想いを持ち場所を変えてきた大竹さん」

――まずはお互いの自己紹介を兼ねて、お二人のこれまでのキャリアと現在の仕事内容を説明いただけますか。

田中　私は１９９０年に花王株式会社に入社して以来、ずっと同じ会社に勤めています。仕事も人事一筋で、現在は主に社内外の仕事の開拓や、社員と仕事のマッチングなどを担当しています。改めて振り返れば、偏った経歴のような気もしますが、自分としては人を応援したい、人が活動するためのサポートをしたい、といった価値観を持っていますので、やりがいや充実感を持って仕事に臨んでおり、今後もそうした仕事にかかわっていきたいと考えています。

――現在は本業に加えて、社外でも活躍されているとか。

田中　中高年の学び直しの場である「ライフシフト大学」の運営を補佐しています。私自身、その一期生として卒業しました。本業で培った知見も活かして中高年のキャリアに対する課題の解決に貢献したいと思い、現在は外部サポーターとしてかかわっています。本業と共通する点は、「人の成長を応援する」ということですね。

――ありがとうございます。続いて大竹さん、自己紹介をお願いします。

大竹　私は34歳で今の会社が５社目になります。現在は、商業施設やオフィス空間などの企画・

デザイン・制作や博物館など文化空間の展示などを手掛ける丹青社に所属しています。丹青社は全国の空間づくりを生業としており、そのノウハウを活用しながら施設の集客や交流促進施策を通して地域活性化をサポートする新たな部署「地域創生支援室」を立ち上げました。そこで地方創生や街づくりに詳しい人材として採用されました。

――大竹さんも、勤務先での仕事とは別に、複業として古書店を経営されているそうですね。

大竹　私の地元である埼玉県所沢市で、2020年に土曜日だけ開業する古書店をオープンしました。プライベートなマイプロジェクトとして、勤め先が変わっても一貫して取り組んでいることで、平日はテレワークの事務所や地域における活動の拠点として活用しています。

――お二人は初対面ということですが、お互いの自己紹介を聞いた感想をお聞かせください。

田中　34歳で5社経験されているということで、本当に意欲的に活動されているんだなと思いました。変化の激しい現代社会で生きていくには、自分の思いに従って行動することがとても大事だと思います。私は長く一つの会社に勤めているという対照的な経歴ですけれど、大竹さんのような生き方はすごいな、と感じています。

大竹　田中さんのように長く続けておられる方は、率直に尊敬します。また、企業内での役割を果たされながら、社外の多くの方々と影響を与え合えるのは、社内外でしっかりバランスが取れているからだと思います。私自身も企業人としての立場とマイプロジェクトとのバランスには悩むところもあるので、ぜひ田中さんの経験をお聞きしたいですね。

選択肢がなくなる不安を、新たな挑戦への原動力に

――ここからは、それぞれのキャリアについて深掘りしていきたいと思います。まずは田中さん、ライフシフト大学との出会いを振り返っていただけますか。

田中　ライフシフト大学は、「人生１００年・仕事人生80年」というテーマを掲げて２０１９年に開校しました。多様な選択肢を組み合わせながら、長い人生をより豊かにして

いくことを啓発しながら学習する場です。私が入学したのは50代の中盤を迎え、そろそろ定年、いわばトンネルの出口の光がぼんやりと見えてきた時期で、これからをどう過ごそうか考えていたところでした。当時、社内ではミドルシニア社員向けのキャリアデザインセミナーを担当していました。セミナーを受講する社員の多くは、今の仕事以外の選択肢が見つからず、結果的に定年まで同じ職場で過ごし、その後も65歳まで再雇用というケースが多く、「それでよいのだろうか」というモヤモヤを少なからず抱えていることがわかりました。そこで自分自身のためにも、モヤモヤを抱えた社員のためにも、ライフシフトについて学びを深めたいと入学しました。

——ライフシフト大学はどんな学びの場ですか。

田中　年齢や業種、職種など多様な方々が集まって、自分自身の生き方や働き方についてざっくばらんに語り合いながら、今と今後を考えていく場です。キーワードは、イノベーションとリーダーシップを組み合わせた言葉、「イノベーターシップ」です。何歳になっても、その人なりのイノベーションが起こせるという概念を理解し、それをもとに自身のライフシフトを考え、今、所属している組織で活躍するもよし、転職や副業、兼業、ボランティアに挑戦するもよし、といろいろな選択肢を紹介しながら、自分に合ったことやりたいことを選択して、必要な学び直しやネットワーク構築などの行動に移してもらおうというスタンスです。

――田中さんは、ライフシフト大学での経験を通じて、どんなことを感じていますか。

田中　私は花王という会社にも愛着があるので、そこに軸足を置いたまま、副業や兼業、学び直しなどを、いかに有効活用できるかを探索したいと思って入学しました。約半年のカリキュラムを通して、そのための道筋が見えてきたという感覚があり、モヤモヤも晴れました。この感覚を同世代の皆さんにも味わってもらいたいと思っていたところ、授業のファシリテーションや講師役、ライフシフトへのコーチングなど、運営側の立場でサポートする機会を得て、自分でもよい経験ができているなと感じています。花王の社員だけではなく、世の中の多くのビジネスパーソンがモヤモヤを抱えながら、50代から定年を迎えている状況なのではないかと思います。

大竹　30代の私にはまだピンとこないのですが、50代を迎えるとキャリアの選択肢が狭くなってくるという実感が出てくるものでしょうか。

田中　やはり50歳、さらに55歳になってくると、40代に比べて選択肢は確実に狭まってくると思います。オープンな求人サイトなどで探すよりも、培った人脈やネットワークを通じて探した方が、魅力的な職場を見つけやすいかもしれませんね。大竹さんの話ではないですが、思ったときにフットワークよく動かないと転職のチャンスが少なくなるということもあるでしょう。とはいえ現実的には、自分が職場で多くのメンバーを抱えていたり、家族が認めてくれなかったり、自分以外の要因に縛られて身動きが取れなくなるという難しさもあります。

大竹　これまで「老後」とされてきた年齢でも、働き続けることへのモチベーション、あるいは必要性を、どのように感じられていますか。

田中　ライフシフト大学の受講者に関しては、お金のためだけではなく、自分が大事にする価値を最大化したいという人が集まっている印象です。私自身は、細く長く働き続けたいという気持ちが第一にあります。ある方から「元気だから働くのではなく、働いているから元気でいられる」という言葉

授業のファシリテーターを務めるなど、ライフシフト大学の運営をサポートする田中さん

を聞いたことがあります。実際に高齢でもイキイキと働き続けている方は、頭と体を使い続けているのだと思っています。多くの会社員は、定年を機に社内での役割や収入などが一変して、ガクッときてしまう。60～65歳の再雇用期間には短時間勤務なども選択できるので、その時間をほかの活動に充て、徐々に組織からフェードアウトしながら働き続ける、自分なりの生き方を探索するというのも一つの方法だと思っています。

大竹　この先、自分が40代、50代と年齢を重ねる中で、今のお話が大きなヒントになるような気がします。

キャリアを「掛け算」しながらユニークな自分を育てる

――大竹さんは、30代半ばで5つの企業を経験されてきましたが、その経緯を簡単に振り返っていただけますか。

大竹　もともと情報発信や文化活動に興味があって、大学ではジャーナリズムを専攻し、新卒で入社したのが広告代理店でした。その後、編集プロダクションを経て、原宿や表参道で国際映画祭を運営している会社で5年半ほど働きました。4社目が地域留学プログラムを運営するスタートアップ企業で、次代を担う高校生や大学生、若手社会人たちにコミュニティとして学び場を提供していました。やりたい仕事ではあったものの、経済的には厳しいものがあり、メインの仕事は別に持ってプロボノや副業としてかかわる方がよいと考え、今の会社に転職したという流れですね。

――お話を伺っていると、ご自身の人生のステージを考えつつ、その時々で必要な職場を選んできたという印象があります。これまでのキャリアをどのように捉えていますか。

大竹　一見すると一貫性がないように思われるかもしれませんが、「地域」という点では一本筋が通っているつもりです。その背景には、多世代の学び合いの場を創りたいという想いがあります。仕事への向き合い方としても、決まった仕事をこなすスタンスで続けるよりも、世の中に必要だと思うことを出発点に、仕事を切り開いていく方が性に合っているように思います。

――どのような基準で会社を変えてきたのですか。

大竹　自分の関心と得意なことを活かして社会に貢献するために、その時々で必要に応じて居場所を変えてきたという感じですね。私はキャリアというのは「掛け算」だと思っています。自分が何に興味を持って、どこでどんな経験をしてきたか、その掛け算の数が増えていくことで、その先に自分にしかないユニークなものが出てくるのかなと。いわば「自分経営」をしていくという意識で働いています。

――勤務先でのお仕事に加えて、古書店「サタデーブックス」を始められた経緯はどのような

ものでしたか。

大竹　30歳が近づくにつれ、生まれ育った地域の暮らしを豊かにすることに注力したいとの想いが強まり、２０１８年に個人サイト「西埼玉暮らしの学校」を立ち上げました。所沢など西埼玉は典型的なベッドタウンで、現役世代や若者は都内の勤務先や大学に通っており、住んでいるけれど地域活動をしていない人が多い地域です。私自身、地域には知り合いも居場所もなくて、だったら自分でつくるしかないと考え、「ベッドタウンをライフタウンに」をテーマに、地元で活躍している人にインタビューしたり、地域の魅力を若い世代が学び楽しむイベントを開催したりし始めました。「サタデーブックス」もその延長線上にあって、決まった曜日、決まった時間に集える場所を創ろうという趣旨で始めました。古書店にしたのは、駅ビルの建て替えを機に本屋さんがなくなってしまったのを見て、街には本屋がなければならないと義憤を感じたからですね。「サタデーブックス」そのものが社会に対して問題提起を行う現代アートのようなものだと考えています。

田中　新しいことへの挑戦に怖さはありませんでしたか。

大竹　正直なところ怖さは感じていて、だから仕事を辞めて古書店一本とは考えていませんでした。生活は別のことで保証しつつ、やりたいことをやるというワークスタイルをずっと続けてきていて、会社は変わってもそのスタイルは一貫しています。その意味では、お店を持つことや、新しい場づくりというのは、そこまでハードルが高いことではないと思います。最近では高校や大学の教育の中でもマイプロジェクトを取り入れていますが、大人もチャレンジすべきというか、できるものだと思います。そんなメッセージを込めて実践をしている感じですね。

田中　今、すごくよい話を聞いたなと思いました。自分でお店をやるというのは、先ほどの長く活動し続けるという話とも共通していて、定年になっても、自分のお店にお客さんが来てくれて、そこでいろいろな会話もできるというのは、心身によい影響を与えますよね。50代、60代の方は、このような取り組みはけっこう

蔦の絡まる木造家屋の２階をセルフリノベーションした古書店「サタデーブックス」

ハードルが高いと感じているケースが多いので、大竹さんのような具体的な経験談を聞いてみれば、「それなら私もやってみようか」と思う人が少なくないんじゃないかと思いました。

「仕事」と「活動」のバランスがもたらす心の充実

――お二人とも、平日は企業で働いて、土日は別の活動をされているわけですが、疲れてしまうことはありませんか。

大竹　睡眠時間は十分とっていますし、本当に体調が悪くなったら土日は休めばいい話なので、そこまで気張ってはいないですよ。また、会社とは別に、自分が好きでやっている場所を持つということがメンタル面でもプラスになっているのでしょうね。ドイツ出身の哲学者ハンナ・アーレントが『人間の条件』という著書で、人間の働きには「労働」「仕事」「活動」の三種類があるといっていますが、私がマイプロジェクトとしてやっていることは「活動」だと思っています。大事なのはバランスです。賃金を得るための「労働」に偏重している人も多いと思いますが、お金にならなくても、文化的・社会的な活動は人間が人間であるうえで必要なことだと思います。

田中　労働と仕事、活動のバランスという話は、私にも今すごく刺さりました。やはり一つのことに偏っているとバランスが悪くなり、やりがいや生きがいを感じられなくなってしまうのではないでしょうか。私も平日は仕事をして、週末はライフシフト大学の活動、それ以外にもスポーツをしたり、家族と過ごしたり、バランスを取りながらやっています。これがうまくいっているときはすごく幸せな気持ちになりますが、バランスが崩れるとまたモヤモヤが生じてくる。このバランス感覚が、すごく大事だなと、大竹さんの話を聞いて感じました。

――「活動」をする意味をどのように捉えていますか。

大竹　私は個人的に「活動していないと格好悪い」という価値観を持っています。「活動」はプロフェッショナルとしての「仕事」とも関係していて、やはり好きなことだからこそ専門性も育つし、受け身ではなく自らソリューションを生み出すという姿勢がビジネスパーソンとしても評価されるはずです。よい仕事を続ける条件としても、しっかり「活動」していることが必要ではないでしょうか。

田中　高齢化や人口減少が進む現代社会を考えると、一つのことだけをやる人だけではなく、複数のことに取り組む人がもっと増えてもよいのではないかと思っています。もちろん、一つのことを突き詰めるのも素晴らしいことですが、だからといって「自分の会社だけで脇目もふらずに働くのが会社員」という価値観だけで、ほかの活動をしている人を見ると

「あの人は仕事に対して一生懸命じゃない」といった見方をするのは違うと思います。大竹さんは、社内で周囲からどのように見られているか気にされますか。

大竹　私はそもそも中途で、新しい風を組織に取り入れることを期待されて採用されましたから、長く働いている社員をリスペクトしつつ、適度に「変な人感」を出していければいいと思っています（笑）。自由な働き方をしているからこそ、新しいアイデアや人脈など、これまで社内になかったことができることを示していきたいですね。田中さんはいかがでしょうか。

田中　実際に聞こえてくるのは、「週末も幅広く活動をして、社外にネットワークがあって素晴らしいね」といったポジティブなコメントばかりですが、その一方で、口には出さないけれど「これだけほかのことをできるということは、本業に全力投球していないんじゃないのか」と感じている人もいるのではないかと思います。実際、マネジャーの視点で見ると、副業や兼業に熱心になり本業が疎かになっている人もいると感じています。逆の意味でバランスが悪いのではないかと思いますね。そこは個人や会社、社会全体がそれぞれ「活動」に対する捉え方を見直す必要があると思います。

重ねたキャリアで「今後のキャリアの捉え方」が変わる

――田中さんは企業で人材育成を担っていく中で、どんなことが課題だと思われていますか。

田中　キーワードとしては、「受け身から主体的に」だと思っています。私たちの世代は「就職」というよりも「就社」というイメージが強く、人事異動にしても研修にしても、会社からの指示に従う、自分を合わせるという姿勢が染みついています。だけどこれからは、自ら手を挙げて機会を得るという姿勢に変わっていく必要があります。大竹さんのような若い世代の方は、そうした主体的な姿勢が普通になりつつありますが、ミドルシニアの皆さんも、もっと主体的に、自分でキャリアの舵を取るようになると、見え方が変わるのではないかと思います。

大竹　会社から与えられたことではなく、自分の興味や関心をベースにしていくというキャリア育成の仕方は、すごく重要ですし、仕事の生産性にも結び付いてくる話だと思います。やらされ仕事でも持続して成果が出るのは、仕組みが固まっている、まさにルーチンワークですよね。だけど、実際に社会に出てみればわかりますが、ルーチンな仕事なんてごくわずか。特に、営業や企画、開発など、ある意味でクリエイティブな仕事については、内発的な動機と結び付いていないものはないと思っています。だからこそ、内発的な動機、つまり個人のやりたいことが真ん中にないと仕事のアウトプットにもつながらないだろうと感じています。

田中　全く同感で、人間が力を発揮するには、自分自身の興味や意欲、やる気が源泉だと思います。「人的資本経営」という言葉もありますし、人材の価値を最大化させるためには、社員それぞれがやりたいことにチャレンジできる制度や風土を整備することがベースになるはずです。花王に限らず、そうしたキャリアオーナーシップの重要性に多くの企業が気付き始め、人事制度や社員教育にも反映しつつあるのが現状ではないでしょうか。

――ここまでお二人の話を聞いていて感じたのは、世代の違いはもちろん、プロパーの方とキャリア採用された方とでは、仕事やキャリアに対する感覚の違いが少なからずあるということです。

大竹　私は一つの会社で定年まで勤め上げるイメージは持っていなくて、今、互いに必要としているから所属しているという感覚です。だからこそ、自分が持っている知識や能力、人脈などを、どのようにつなげたら会社の、ひいては社会の利益になるのかという、成果に対するキリキリした感覚は誰にいわれるまでもなく持っています。逆にいえば、自分がここで価値を発揮できないのであれば、その会社に所属している意味がないくらいの感覚はありますね。

田中　私のように、新卒で採用されてからずっと同じ会社に所属していると、そこにいるということが当たり前になってしまい、周囲の社員へ感謝の気持ちを伝える機会も少なくなりがちです。だからこそ感謝を伝えることを大事にし、何気ない対話の機会を捉えて、ありがとうのひと言を伝えようという取り組みをやっています。きちんと言葉で認めてもらうことは喜びにつながると思っています。多くの方がそう感じるのではないでしょうか。

大竹　そうした取り組みはすごくよいですね。ただ一方で、私自身としては、時間感覚に敏感というか、相対的に少ない時間で成果を上げることを重視する傾向があります。それはプロパーと中途という違いだけではなく、世代によって組織に対する帰属意識にも差があるからかもしれません。どちらがよいとか悪いではなく、その差が仕事の取り組み方や、キャリアの捉え方に影響しているというのは感じますね。

可能性に柔軟でいること

――人生100年時代と考えたとき、お二人は今後について何を感じますか。

田中　人には心身の衰えが確実にあるということです。これから長く働き続けるためには、この変化とうまく付き合っていく必要があると思います。

大竹　今までの経験を通じて、人は状況をガラッと変えることができると思います。ざっくりとした計画はあるけれど、二年後はどんな世界が広がっているかわからない。計画は立てるけれど、可能性に対しては柔軟でいたいと思っています。そのためにも自分を固めすぎないようにしようと思っています。

田中　「可能性」という点でいえば、最近、右目の白内障手術を受けたのですが、本当に視界がクリアに見えるようになりました。正直、はじめは眼の手術が怖いという気持ちがあったのですが、思い切って手術をしたことで、気持ちも大きく変化しました。20代の視界が戻ったうれしさです。どんなことであれ、どの世代の人であれ、チャンスがあればいつでも掴めるようにフットワークを軽くしておくというスタンスは、とても大事なことだと思います。

――では最後に、それぞれの同世代の方々に、キャリアに関してメッセージをお願いします。

田中　50代、60代になると、誰しも自分の先行きを考える機会が増えると思います。ここまで生きてこられたのは、社会のおかげ、周囲の人に育てられたおかげですから、社会や周囲への感謝の気持ちを大切にしてほしいですね。加えて、未来視点も大事だと思っていて、地球温暖化やプラスチックのリサイクルといった環境問題など、私たちの世代が結果として残してしまった社会課題の解決に向けて、未来の世代へバトンタッチしていきたい。だから自分のことだけではなく、社会の未来も含めて、ライフシフトを一緒に考えませんか、そういう風にいいたいなと思っています。

大竹　ひと口に30代といっても一人ひとり異なるので、決まった正解はないと思いますが、あえてメッセージを送るなら「自信を持ちましょう」ということです。世代論でいうと、私を含めた「ゆとり世代」は、不当に悪くいわれてきた印象があって、お行儀よく生きてきた人ほど、すべて自分が悪いからと自己疎外しがちです。実際の世の中は、いろいろな要素が絡み合って今があるので、過剰に責任を負うことはありません。軽やかに、自分のやりたいことに挑戦したり、自分で何かを発信したりする人が増えたらいいなと思っています。信じることがあって動いている人の周りには、支えてくれる人が集まるものです。自分の想いを大事にして、その想いを燃やし続けてもらい

たい。私もそういう人とつながっていきたいし、お互いを応援していきたいですね。

田中　今の大竹さんの話はすごく印象的ですね。私の子どもは20代ですが、将来への不安を私たちの世代よりも強く感じているように思います。これは多分、世界や地球を取り巻く状況が私の頃と異なっていて、超高齢化社会や人口減少、地球規模の環境問題や自然災害、世界各地での対立や紛争など、不安を感じる要素が強いんですよね。だから、そういう中で、若い世代の皆さんも、そして私たちシニア世代も、どうやって安心して、元気を出して生きていけるかっていうのを、みんなでつくっていかなきゃいけないなと改めて思いました。

クロストーク3
言葉が未来を創る

キャリアが多様化する時代を迎え、周囲の環境や自身の内面の変化に合わせて、自ら意識的にキャリアをデザインすることが求められています。

本クロストークでは、「フリーランス」と「会社員」という異なる立場から「人と向き合い、育てる仕事」に携わるお二人に登場いただき、キャリアに対する想いや価値観などを語り合っていただきました。

藤井《ふじい》 由布子《ゆうこ》氏

大学卒業後、SONY、富士通で国内外のマーケティング・コーポレートブランディングに従事。第一子出産後、社会的マイノリティを取り巻く社会的な課題に気付き、個人のライフシフトを支援するため独立。教育スタートアップなどでコーチングを提供するかたわら、企業講師、ヨガ指導&インストラクター育成など幅広く活動。2023年に第二子を出産後、大学院で新たな学びをスタート。

横川《よこかわ》 翔《しょう》氏

大学卒業後に経営を学ぶため豆腐屋を開業。仕事をしながら大学院に通いMBAを修める。卒業後は世界的なコンサルティングファームであるデロイト トーマツ グループにて主に人事領域のコンサルティングに従事。特に、教育による業績の向上や従業員の満足度アップに関心が高く、現在は生和コーポレーション株式会社にて経営企画室兼人事部として戦略的なマーケティング業務と能力開発や採用といった人事業務を担っている。

人に寄り添ってきた二人のキャリア

――まずは藤井さんから、これまでのキャリアを教えていただけますか。

藤井　私は大学卒業後、ゲームビジネスを行うＳＯＮＹのグループ会社に入社し、日本やアジア地域のマーケティングを担当しました。７年間勤務した後、転職するつもりで退職したのですが、そのタイミングで妊娠がわかりました。結果的に、一年半ほど育児に専念したあと、富士通に再就職しました。富士通では約5年間、企業のパーパス（存在意義）やビジョンを幅広いステークホルダーに伝えるための戦略立案などに携わりました。そのあと、コロナ禍という大きな環境変化を経験したことが、自分のキャリアを見つめ直す転機となり、２０２０年にフリーランスとして活動をスタートしました。

――現在はどのような活動をされているのでしょうか。

藤井　現在は、コーチングとヨガインストラクターの仕事を軸にしつつ、多くのプロジェクトの立ち上げにも携わっています。例えば、大人向けのパーパス教育を行うスタートアップが立ち上げたプログラムにコーチとして参画したり、若手ｅスポーツ選手たちが心身の健康を保ちながらパフォーマンスを発揮できるよう、ヨガとコーチングを組み合わせたプログラムを立案したり。社会的にも心身のウェルビーイングへの注目が高まっていることも体感し、ヨガ指導やインストラクターの育成にも取り組んできました。現在は、二人目の子どもを授かったことをきっかけに、イギリスとオーストラリアの大学院に在籍し、かねてから興味のあった国際開発学と組織開発を学んでいます。

――続いて横川さん、お願いします。

横川　私は大学在学中に公認会計士を目指していましたが、結果が出ず方向転換し、大学院に進学してＭＢＡを取得しました。経営を学ぶうえで「実践」を大切にしたかったので、大学院在籍中にフランチャイジーで豆腐屋を起業しました。ラッパを吹きながらリヤカーで売り歩く、いわゆる「お豆腐屋さん」です。当時、「関東で一番、豆腐を売る人」としてちょっとだけ有名になりました（笑）。

――卒業後のキャリアはいかがでしょうか。

横川　卒業後は、もともと興味のあった「経営と教育」というテーマに魅かれ、デロイトトーマツグループで人事コンサルタントとして働きました。三年ほどで外資の金融機関へ転職したのですが、「やはり人事領域の仕事が好きだ」と改めて気付き、現職である生和コーポレーション株式会社という建設会社の人事部門に転職しました。現在は、経営企画室兼人事部としてマーケティングや採用、能力開発を中心とした業務に携わっています。

――横川さんが主導するインターンシップの取り組みが、経産省・株式会社マイナビが後援する「第3回学生が選ぶインターンシップアワード」で大賞を受賞したそうですね。

横川　そこまで規模の大きくない当社が「日本一」を獲得できたことに、経営陣や同僚と共に大変喜びました。当社が大切にしている「一人ひとりの成長に向き合う教育」を高く評価いただいた結果と思っています。受賞をきっかけに、求職者の母集団が約10倍に増えたため、現在は、募集プロセスの見直しなど、採用スキームの再構築に取り組んでいるところです。

――藤井さんと横川さんは、お互いに対して、どのような印象を持たれましたか。

横川　藤井さんに対しては、仕事や学び、ご家庭と公私のバランスを取られている印象を持ちました。裏側では様々な経験をされて、大変な努力があるのだと思いますが、表側を見れば、誰もが憧れるような自立した

「学生が選ぶインターンシップアワード」にて大賞に輝いた喜びを人事部門の仲間と分かち合う横川さん（右から２番目）

キャリアを進まれているなと感じました。

藤井　横川さんは、言葉からも表情からも教育へのパッションが溢れていて、こちらまで元気になります。しかも、実績をしっかりと残されていて、ＭＢＡとお豆腐屋さんのギャップも魅力的ですよね（笑）。

「挫折」と「死生観」がもたらした転機

――お二人とも様々なキャリアを経験されていますが、これまでで一番の転機は何でしたか。

横川　私の転機はコンサルタント時代でした。正直にいうと、デロイトトーマツのコンサルタントになれて、ちょっと天狗になっていました。ところが、百戦錬磨の先輩方に囲まれて、見事に鼻っ柱をへし折られました。「自分なんて全く大したことない」と気付かされたんです。それ以来、初心に返って「学ぶ」ということの本当の意味がわかるようになりました。ここが一つの転機だったと思います。

藤井　それだけインパクトの大きい体験だったのでしょうね。

横川　手前味噌ながら、それまで学業もスポーツもほぼトップできたので、自分の中では「頑張れば結果が出る」と思っていました。大学院までに会計や経営について勉強していた経験もあったので、入社直後も、新卒入社の同期に対して知識面でアドバンテージがあると自負していましたし、不安は全くありませんでした。しかし、いざプロジェクトを担当し、クライアントに対峙したときに、ものの見事にその自信は打ち砕かれました。その経験から、自分を俯瞰的に捉え直し、考えを根本的に変える必要があると思ったのです。正直にいうと挫折感はありましたが、当時の上司や先輩方が、私の成長を心から願い、愛情を持って見守ってくれたからこそ乗り越えられたと思います。

また、それまでは過去の実績にとらわれがちでしたが、視野が大きく広がりました。「もっとエキサイティングな世界がある、飛び込んでいかないともったいない」という想いに駆られ、キャリアへの向き合い方も変わりました。自分は常に追いかけ、挑戦することが好きなのだという気付きも得られました。

藤井　私の転機は、28歳の時でした。結婚して間もなく、父の急逝、第一子の出産という大きな出来事が、一年のうちに立て続けに起こり、「どう生きていくか」について深く考えさせられました。もともと外国語や異文化に強く興味を持っていたので、「日本と世界の文化をつなぎたい」という漠然とした想いを頼りに就職しました。毎日が充実し、忙しく働いている一方で、「私は、何のために働いているのだろう」という漠然としたモヤモヤが大きくなってきました。そんなとき、突然父が亡くなりました。父は小学校の教員だったのですが、運動が大好きで、ボランティアで地元の小学生に陸上競技を教えるクラブを運営していました。父が夢や熱意を持って地域社会に貢献する姿は、私にとってのロールモデルでした。そんな父の葬儀の場に、陸上を教えていた小学校の全校生徒から感謝の手紙が届いたのです。私は子どもたちの手紙を一通一通泣きながら読みました。そして、しみじみと「父はとても恰好よい仕事をしていた」と気付いたのです。

横川 お父様は日々、子どもたち一人ひとりと真摯に向き合ってこられたのでしょうね。

藤井 私たちの世代は、男女雇用機会均等法が施行された時代に働いていた母たちのもとに生まれています。私自身も「女性も男性と同等に肩を並べて企業でバリバリと働き出世することがよいことである」という認識を持つようになっていました。そういった時代背景のもとに育ってきたわけですが、父の死を機に、「自分自身にとっての働くことの意義」について考えるようになりました。父のように、もっと身近なところから社会に貢献できる自分になってみたい、そのために何ができるのだろうかと考え始めたタイミングで、子どもを授かったんです。今思えば、本来の自分の価値観と、社会から求められていると感じていた姿がずれていたモヤモヤだったのかもしれません。

――母親になったことで、藤井さんにとってどのような変化があったのでしょうか。

藤井 母親になるというのは、自分の役割が増えるということです。精神的にも物理的にも大きな変化でした。精神的な面でいうと、仕事をプロフェッショナルに頑張りたい自分と、母として小さな命を慈しみ育てる自分。そして妻として、娘としてのアイデンティティも大切にしたい。それらのバランスに悩みました。物理的な面では、一日の時間が全然足りなくなりました。仕事に何パーセント、家事や育児に何パーセント、勉強に何パーセント、とパイチャートを頭に描きながら、分刻みでスケジュールをこなす毎日です。すべてに１００パーセントの力で取り組めない悔しさに葛藤し続けながらも、少しずつ「一度きりの人生、今やりたいことから、やれる範囲でやってみよう」というマインドに切り替えていきました。それは、父の死と新

培った経験と知見を活かして、人材育成やコーチングに精力的に取り組む藤井さん

しい命の誕生に、同時に遭遇した経験が大きかったと思います。そのときから、古いラテン語の言葉にもあるように「メメント・モリ（いつか必ず来る死を想う）」からこそ「カルペ・ディエム（今この瞬間を楽しんで生きよう）」と思えるようになりました。

学びのプロセスがもたらす世界が広がる楽しさ

――お二人にとっての「学び」の目的を教えてください。

横川　20代までは「できないことをできるようにすること」が学びの目的でしたが、30代に入ってからは「探求」が目的になりました。物事の背景を歴史から学び、自らの実践知、つまり状況に応じて適切に判断する能力の向上に活かせたとき、大きな喜びを感じます。

藤井　これまでは、どんな分野で探求されてきましたか。

横川　やはり、「経営と教育」の分野ですね。書籍を読み、業界の第一人者の思想をインプットするだけではなく、「この人を超えるにはどうしたらいいんだろう」と考え、自分なりに実践を繰り返すようにしています。例えば、NPOで高校生のキャリアサポートや、社外でのプロジェクトリーディングの経験を積みました。アウトプットを繰り返していくと、次第に、ベンチマークにする第一人者の目線が自分にも備わっていく感覚になるんです。世界が変わって見えるようになる、その変化がたまらなくおもしろい。一つの事柄も、角度を変えれば新たな側面が見えてくるのだなという発見があります。

藤井　先ほどの転機の話題ともつながりますね。自分の世界がどんどん広がっていく感覚ともいえるでしょうか。

横川　意識的に学び続けることで自分のキャリアが広がっていく実感は、確かにあると思います。机上の勉強だけではなく、実践知を積みながら自らを高め続けることができるのが、社会人の学びの醍醐味ですよね。

藤井　横川さんがそれほどまでに高みを目指すモチベーションは何なのでしょうか。

横川　多分、プライドなんじゃないかと思います。今までお話ししたように、例えばアイスホッケーで全国大会に出たり、豆腐屋さんで関東一の売上を立てたりしても、コンサルティングの世界ではもっと上がいた。この悔しさが私の原動力なんです。同時に、この先どれだけ実績を積んだとしても、自分の可能性を高めるために、泥臭くもがき続ける人間でありたいとも思っています。

藤井　私も横川さんと同じく、知らない世界を発見したり、それによって自分の興味を広げたりすることに喜びを感じます。ただ、学びによって具体的な成果を得ることよりも、学びのプロセスが与えてくれるポジティブな影響を重視していますね。単純に、各々が好きなことを学んで好奇心を満たしている「学びの空間」が好きということもありますし、学びを目的として様々な人とつながり、価値観の交流が生まれるおもしろさは格別です。そうした魅力が大きなモチベーションになっています。

横川　「学びそのものの喜び」ということですね、とても共感します。仲間とともに学び、評価や報酬の枠にとらわれないコミュニティを築いていくことは、社会とつながる喜びそのものともいえますね。

言葉という最強の味方

――これまでのお話から、お二人とも言語化することを大切にしているように思います。

藤井　コーチングやヨガをやっていると、

実践で培われた深い学びをヨガインストラクター育成に活かす藤井さん

思考だけではなく身体的な感覚も使います。感覚や感情といった体に自然と湧き起こる感覚と、左脳的な思考の双方を行き来しながら言葉を紡ぐことが、深い学びにつながると思っています。例えば、毎朝５～10分のヨガをする習慣を持っているのですが、その日の呼吸の深さから自分の状態を知ることができます。仕事の締め切りが迫っていて緊張している日は自ずと呼吸が浅く速かったり、逆に、何にも追われることなくリラックスしている日は深くゆったりした呼吸ができていたり。その感覚の違いに気付いたら、自分の状態や気持ちをノートに書き留めてみる。そうすることで、自分の状態を俯瞰的に眺め、「今日はどう過ごしたいか」と自分に問いかけています。自分自身や他者と対話しながら、湧き上がる感覚や感情を言葉にしていくことで、改めて自己を知る。このプロセスこそ、意味のある学びだと思っています。

横川　非常によくわかります。いろいろな情報や体験を通じて学びがあったとしても、そのままでは再現性がありません。一つひとつ言語化し、ラベルを付けて要素分解していくことで、自ら実践できるようになるのだと思います。言語化は幼児教育でも大切だと思っています。例えば二歳になる私の甥っ子も、おもちゃの取り合いで友達と喧嘩になったとき、頭ごなしに叱るのではなく、「このおもちゃで遊びたかったんだね」と彼の気持ちを言葉にしてあげることで、素直に謝れるようになるんです。言語化によって人が育ち、他者とつながり、道を拓いていく。このプロセスは教育そのものであり、私が一番魅力に感じているところです。

――お二人にとって「言語化」にはどのような意味がありますか。

横川　私の場合は、愛情を表現することです。相手に何かを提供するとき、時間をかけたりお金をかけたり、様々な方法がある中で、言葉によって相手に尽くすのが最も人間らしい行為だと思うんです。ちょっとしたひと言でクスッと笑えて、心から「楽しいな」と思えるような、光が差す瞬間ってありますよね。私自身、多くの先輩方からそうした光をいただき、背中を押されてきました。自分もそういう存在になれるよう、愛のある言葉にこだわりたいと思っています。

藤井　言葉は愛である、まさにそうですね。言葉は自分自身の内面から出てくるものでもあると思っています。今、自分の言葉はポジティブなのか、ネガティブなのか。その言葉は、どんな価値観からきているのだろうか。そして、そのときの想いから出てきた言葉が、現在から未来にどう循環していくのか。こういったことを子育てをするようになってからますます考えるようになりました。できるだけ、言葉の奥底にある大切にしたいものに嘘をつかないように、また、それが時の流れに応じて変わっていくことも許容しながら、自分の思いに合致する言葉を探すように心がけています。

――誰かの言葉でご自身が成長した、もしくは、ご自身の言葉で誰かの成長を後押しできたという経験はありますか。

横川　数えきれないほどあります。まず仕事の面では、当社では社員の本質的な成長を促すために、一対一のフィードバックを大切にしています。一般的に、フィードバックは「これはよかった」「ここは気を付けましょう」というように、結果に対してマルかバツを付けて終わりがちなのですが、もう一歩踏み込んで、相手が自ら考え、発言できるような言葉を投げかけるよう努めています。

藤井　横川さんの意図する「言葉の作用」は、私もコーチングの仕事の中で意識しています。私はコーチングにおいて、相手の感情の奥にある「大切にしたい価値観やニーズ」を引き出すことが、その方の持つ可能性を広げていくことにつながると考えているので、一方的に具体的なアドバイスをしたり、何かを教えたりはしません。じっくりと話を聞き、相手が自ら気付きを得られるような問いを渡します。そのやり取りの中で、例えば相手の雰囲気がぱっと変化したり、楽しそう、または悲しそうな表情で話をしたり…といった機微な変化を感じたときに、それらを言葉にして見えたままをフィードバックします。コーチングでは、通常三か月から半年ほどの時間をかけて、ゆっくりとご自身と向き合っていくのですが、私が経験してきた限り、その中で変わらない人は一人もいませんでした。言葉を介して自分の大切にする価値観や想いに自分自身で気付き、自らの意志で行動に移していくプロセスは、すごくパワフルだと思います。

横川　私自身が背中を押された体験としては、祖母の言葉を思い出します。私が就職活動をしていたのは東日本大震災後の就職氷河期で、ようやく最終試験まで進んだ第一志望の会社に落ちてしまい、捨て鉢になった時期がありました。「頑張っているのにうまくいかない」「いっそ就職をやめて留学するか」などと、当時、入院していた祖母の病室でつらつら話す私を、彼女はニコニコしながら聞いてくれていました。ひと通り話し終えたあと、最後に祖母がひと言「大丈夫だよ」といってくれたとき、思わず号泣してしまいました。私が傷ついたり悩んだりしていることを、祖母はわかっていたんですね。それから一念発起して就職活動をやり直したところ、コンサルティング会社とのご縁をいただくことができました。相手を心から想い、受け入れる言葉って、本当に人を動かす力があるのだなと思います。

藤井　相手の今の状態を受け入れ「とにかく全身全霊であなたを応援する」という姿勢そのものが、最良の後押しになるのでしょうね。

横川　そうですね。社内で傾聴の研修をやるときも、必ずこのエピソードを伝えるようにしています。祖母はもう亡くなってしまったのですが、私の一番の理解者だったと思いますし、あの「大丈夫」の言葉に今でも勇気付けられています。

「言葉」でキャリアをサポートする

――キャリア開発とは、自分がさらなる高みへ挑戦することと捉えられがちですが、お二人の話を聞いていると、目の前の誰かを応援し、後押しすることも、ある意味でのキャリア開発なのかもしれませんね。

藤井　はい。そう思います。キャリアを通じていろんな方の一歩を応援することももちろんそうですし、自分自身の過ごし方やあり方そのものが誰かの後押しになる、ということも学びました。実はこの数年間、私自身の挑戦や失敗、そこからの学びをシェアすることで、「自分も新しいことに挑戦したい！」と共感してくれたり、実際に行動に起こしたりする方がたくさん現れたんです。自身の内面を開示することには抵抗もありましたが、少し勇気を出して言葉にしてみるだけでも、他者をエンパワーできるものだと実感しました。

横川　自分から言葉で伝えることで、相手が心を開きやすくなるという面は、確かにありますよね。長期間の集合研修でグループワークを行うと、揉めるチームが出てくるのですが、そういうときは、メンバーのよいところを挙げてもらうというワークをやります。相手を受け入れる言葉を口に出し合うだけで、心が開かれて、違うチームに生まれ変わるんですよ。これも言葉によるエンパワーですね。

――言葉によるエンパワーは、職場のエンゲージメントを高めるうえでも有効に思えますが、いかがでしょうか。

横川　結局のところ、上司や指導者に求められるのは、社員を一対一で見つめることに尽きると思います。研修を受講する全員に同じようなフィードバックを返しているようでは、愛情ある関係を築くことはできませんし、想定した研修の成果を得ることすら難しいでしょう。たとえ短い言葉でも、必ず一人ひとりに合わせてフィードバックすることにこだわっています。ある研究によれば「上司からのフィードバックは、質と量のどちらも同じくらい重要」との結論が導かれています。週に15分でも個別対話の時間を持つことで、そのメンバーが日ごろから抱えている小さな問題やストレスから解放できるかもしれません。時間に余裕がないときには難しいかもしれませんが、組織に対する心理的安全性の確保にもつながる重要なことだと考えています。

藤井　横川さんのおっしゃる通り、組織内の関係性を高める土台として、「相手が大切にしているものを、一緒に大切にできるか」が問われる気がしています。一方で、大切にしているものは、その人が置かれた状況やその方自身の変化によっても変わり続けるので、その兆しを察知しなければならない。そこで必要なのが、やはり言語化です。これはパートナーシップや子育てにおいても同じだと思います。子どもの成長に合わせて物事の優先順位がどんどん変わっていくように、人の集まりである会社組織も同じなのではないでしょうか。社会環境の変化に合わせて目指す場所が変わっていくので、それに応じて社内環境や仕組みも変えていかなければならない。そうした変化の兆しを、いかに捉えて言語化し、共有するか、そこからどう変化を起こせるか、という点では組織のカルチャーが問われると思います。

横川　文化も仕組みも、まずは「相手の興味に興味を持つこと」が出発点になる気がします。採用面接をしていると、

インターンシップアワード受賞者として自身の理念を語る横川さん

「当社の仕事への適性があるか」「当社のことがどれだけ好きか」など、こちらが興味あることばかり質問してしまいがちですが、そうした言葉は相手の心に響きません。相手の興味を引き出して「それなら当社ではこういう仕事ができるよ」「こういう可能性も広げていけるよ」という言葉をかけてあげられれば、相手の心にきちんと届きます。

藤井　そんな採用面接であればぜひ受けたいですね。私が就職活動をしていたとき、採用に抱いていたイメージは、まさに企業が人材をジャッジする場。学生たちが普段は着ない個性を消した真っ黒なスーツを着て面接に行き、採用担当者の前で内定をもらうために自己アピールする。そんな日本型採用スタイルに自分をうまく当てはめることができなかった経験もあり、ネガティブな印象がありました。これからは、採用される側の学生たちの想いをいかに吸い上げ、キャリアに反映していくかが問われると思います。

横川　そうですね。学生一人ひとりの価値観はとても多様化しています。面接官のお決まりの質問に答えるだけでは、その企業が自分の求める環境かどうか判断するのは難しいでしょう。まずは企業側が聞くスタンスで臨まないと、双方が納得する結果にはならないですよね。人事として切に願うのは、その人が活躍し、成果を出し、幸せを体感できることです。当然、採用活動においてもそれをゴールに据えます。そう考えると、面接の場は、適性の有無をこちらが一方的にジャッジするのではなく、対話を通じて一緒に動機を確認する時間と位置付けるべきです。だから面接官には「手を差し伸べるような気持ちで、ヒントを与えることを心がけてください」とお願いしています。ある意味、お互いにとっての学びの場といえるでしょう。

藤井　自律的にキャリアをつくっていくという文化を、採用という最初のプロセスから、会社の中に整備しておくべきということですね。

横川　その通りです。採用プロセスで素地をつくっておくことで、社員一人ひとりが入社と同時に自己のキャリアに深く向き合えるようになるのではと思っています。現在の日本の教育カリキュラムは、社会人になるためのトレーニングを想定していませんが、こうした採用活動が、それを代替し得るかもしれません。

多様な世界だから問いを自分に向ける

藤井　ダイバーシティ・エクイティ＆インクルージョン（ＤＥ＆Ｉ）を組織に反映する取り組みは、今や多くの企業で進められていますが、当事者として、その根底にある価値観レベルでのインクルージョンについては、まだ変化の途上だと感じます。高度経済成長期以降の日本企業では、「長時間働ける健康な日本人男性」をマジョリティとした評価制度や職場環境の整備が続き、組織の意識レベルにも深く根付いているのではないでしょうか。しかし、不確実性の高まる環境や少子高齢化の波で、誰もがマジョリティとマイノリティを行き来するようになっていく時代になると、多様化する組織やチームの理想的なあり方を、組織のメンバー皆で試行錯誤することが必要になってくるのだと感じています。それぞれがどんな立場や状況にあってもお互いをサポートし合える組織カルチャーと、それを支える仕組みづくりをどう進めていけばよいのか。そうしたテーマを深め、知見を得るために大学院で勉強しているところです。

横川 キャリアという言葉の定義も多様化しています。会社組織を飛び越えた社外のコミュニティや、フリーランスの活動など、いろいろなスタイルがあるということを知れば、人と組織の可能性がもっと広がるのではないでしょうか。その意味では、リスキリングにも期待しています。新しいことを学ぶ時間を自分でつくったり、組織として提供したりできれば、もっとキャリア開発を楽しめる人が増えるのではないかと期待しています。

藤井 実は私、リスキリングという言葉に若干のモヤモヤを感じているんです。昨今、リスキリングが叫ばれている背景には、ＩＴ人材の確保や生産性の向上が急務だという社会的な事情もあります。学ぶ目的が社会や他者の評価に偏ってしまうと、本質的な学びの楽しさを味わったり、多様なスキルを形成したりすることが難しくなってしまうと思うのです。理想的には、各々が自分の人生を豊かにするために、学びのスタイルや内容をカスタマイズできるとよいですね。

横川　全く同感です。一人ひとりが好きなことを学ぶのが当たり前な世の中にしていきたいですね。趣味でも仕事でも、自分が興味のあることを楽しく学んで、イキイキしている人を目の当たりにしたら、「学ぶことも悪くない」と思ってもらえるのではないでしょうか。

藤井　学びとキャリアに対する意識は、世代ギャップもありそうです。社会で活躍し始めたばかりの20代や中核を担い始める30代と、ネクストキャリアを考え始める40代や50代では、リスキリングの捉え方も意義も変わってくるはずです。一方で、学ぶ目的という観点では、海外と日本でギャップがあるようにも感じます。欧米では学びがキャリア形成においても評価される仕組みがある一方で、日本では、仕事を数年休み、海外の大学などで学位を取得して復職したとしても、必ずしも評価につながるわけではなく、過去の実務経験や実績に重点が置かれる風潮も残っているように感じます。個人が主体的に学んで得たスキルに対して評価や対価を払う仕組みも、同時に整えていく必要があると思います。

――最後にお二人から、同世代の方々にエールをお願いします。

藤井　私は応援に代えて、「あなたが心から求めているキャリアのあり方はどんなものですか」「広い意味で、どんな風に生きていけたら心地よいですか」という問いをお渡ししたいと思います。個人的な思いですが、社会的にマイノリティになりがちな女性や外国人、子育てや介護をしている方々が、どんな環境にあっても自分のよいところをありのままに発揮し、主体的に楽しく生きていける場所がどんどん増えればよい。私自身も含めて、先ほどの問いを考え続けています。ですから、先ほどの問いかけについて一緒に考え、多様な視点と経験を持つ方と対話をしていきたいです。話すことそのものが、お互いの応援になるかもしれないとも思っています。

横川　同世代の方々には、私の姿を見てもらい、一緒にもがいて頑張りましょうとお伝えしたいです。今日の対談から、大きな刺激をいただき、同世代でいろいろと率直に話し合うことはすごく大切だと実感しました。こうした刺激を与え合える仲間を大切にしながら、各々の道で、もっと楽しんでいきましょう。

第4章

キャリアオーナーシップから考える人的資本経営

対談 平松CHRO×田中教授（後編）

本章では、キャリアオーナーシップをいかに組織の成長と結び付けていくか、企業経営の視点で考えていきます。

「人」を重要な資本とみなし、企業全体の成長に向けて最大限に活用する「人的資本経営」が注目される一方で、その具体的な方策や手法については、まだまだ確立されているとはいい難い状況です。

第1章に続き、平松さんと田中先生による実践を踏まえた対談が、経営層や人事部門はもちろん、これからの社会を生きる一人ひとりにとって、成長へのヒントになることを期待しています。

テーマ4　人的資本経営時代に求められる人事組織のあり方

人的資本経営に欠かせない、人事部門の改革とCHROの存在

――２０２２年が人的資本経営元年と位置付けられ、人への投資や人材戦略などが注目を浴び、「人的資本経営」という言葉を耳にする機会が増えてきています。キャリアや働き方にどう向き合い、どう考えるか、社会全体で大きな転換期を迎えている印象がありますが、お二人はこうした変化をどのように捉えていますか。

平松　人的資本経営という言葉に対する最初の印象は、率直にいえば「当たり前」ですね。「人材はコストではなく資本」などといわれますが、そもそもコストだなどと思ったことはありません。これは富士通だけではなく、ほとんどの日本企業は、ずっと人材を大事にしてきました。長期的な雇用の中で、時間をかけて体系的に教育や指導をし、人に投資をしてきたはずなのに、「人的資本経営ができていない」といわれることに違和感がありました。もちろん反省すべき点もあって、例えば人材投資やキャリア施策の必要性について、経営層や社員、投資家などのステークホルダーに対し、一貫性のあるストーリーとして説明できていたかというと、そこは足りていなかったと思います。『人材版伊藤レポート』にも

うたわれているように、「経営戦略と連動した人材戦略をどう実践するか」と「人的資本にかかわる情報をどう可視化し、どうステークホルダーへ伝えるか」、この両輪での取り組みを、いかに軌道に乗せていくかが課題だと思います。

田中　そのためには、まず人事部門の組織を変える必要があります。今までの人事部門はバックオフィス、総務や労務などを担う管理組織という側面が強く、もちろん、そうした役割も重要ですが、加えて、もっと成長戦略を担い、いわば人材開発のグロースユニットになるべきだと考えています。そのトップとなる存在がＣＨＲＯで、そこには経営陣と膝を突き合わせて人材戦略を担える人を充てるべきです。そうでなければ人材戦略と経営戦略をしっかり紐付けることはできないと、一貫していい続けてきました。

平松　まさにその通りです。私はもともと執行役員人事本部長を務めていましたが、富士通がＣｘＯ体制に移行する際にＣＨＲＯを拝命しました。そのとき、時田社長に「人事本部長と兼任できます」といったところ、「それは違う。人事本部長はほかの者が務めるから、あなたはＣＨＲＯとして富士通の経営戦略を実現するための人事制度改革に専念してほしい」といわれました。従来の、いわゆる人事管理的な役割を担う必要はなくなるのだから、今までの三倍以上のスピードで改革するように、といったプレッシャーのもとにＣＨＲＯをやらせていただいているわけです（笑）。

田中　今、平松さんが果たされている役割を経営者が担えるかといったら、それは無理ですよね。だから私は経営者向けのセミナーなどで「企業の規模を問わず、中堅、中小企業であろうとCHROを経営の中枢に置いてください」と伝えています。そこに社内でもエース級の人材を充てるべきだし、社内にいないのであれば育てる、もしくは外部から招くべきで、それだけ企業の成長を左右する重要なポジションだと考えています。

CHROがステークホルダーに伝えるべきストーリーとは

――人材戦略と経営戦略と連動させるためにも、その必要性や妥当性をステークホルダーに納得いただくためにも、いかに一貫性のあるストーリーを描くかが問われます。その難しさをどのように感じられていますか。

平松　近年、ESG投資が重視されるようになり、私もCHROとして投資家向け説明会でプレゼンする機会が増えましたが、そこで痛感したことが二つあります。一つは、社外の人にも納得いただけるような、客観的で裏付けのあるシナリオが描けていなかったこと。もう一つが、人材への投資が、どのように企業全体のリターンに結び付くかまで練られていなかったこと。「よい人材戦略ですね」といった評価は得られたとしても、「この人材戦略なら投資する価値がある」と認めてもらえるほどには成熟していなかったという反省があります。ただ、私たち人事部門のアクションが売上や利益に影響を及ぼすには、どうしても時間がかかります。ある意味で「風が吹けば桶屋が儲かる」みたいな面があるので、そこをどう説明するかという難しさは感じています。

田中　今の平松さんの課題は、多くのＣＨＲＯが感じていることだと思いますが、特に投資家への説明に当たっては、人材への投資がダイレクトに売上や利益に結び付くものではないという共通認識を築いていくべきでしょう。人的資本経営を推進して、社内に優秀な人材をそろえられたとしても、昨今のコロナ禍やウクライナ問題、あるいは為替相場や競合状況など、外部的、複合的な要因から業績が低下することもあり得ます。それでも、社員のエンゲージメントは向上している、人材ポートフォリオは充実しているなど、人的資本のコンディションがよければ、成長していけるポテンシャルは十分にあるわけです。今期の業績や前期との比較しか見ようとしない投資家に対し、そうした状況や戦略について自信を持って説明するのも、ＣＨＲＯの役割ではないでしょうか。

平松　人的資本経営に取り組み始めた当初は、人事でもＲＯＩ（Return On Investment）などの投資効率を説明しようとしていましたが、「エンゲージメントが上がると営業利益率も上がる」などといっても、実際の相関性について説得力のある説明はなかなかできませんよね。それより大切なのは、経営戦略を実現するためにはどんな人材が必要かを明らかにし、人材ポートフォリオを描くこと。これがまさに人材戦略を経営戦略とアラインさせていくということだと思います。今後の富士通にはこういう人材が必要だけれど、こうした企業と取り合いになる。その企業と比較して富士通を選んでもらうために、社内の環境やカルチャーがどうあるべきかを考えたとき、エンゲージメントやキャリアオーナーシップを高めていかないと勝負にならない。それが一つのＫＰＩになるわけです。田中先生もいわれたように、株主に対しても売上や利益だけで企業の状態を語るのではなく、もっと人材ポートフォリオや非財務指標も含めて、社内の状態をしっかり説明していく必要があると感じています。

田中　人的資本の情報開示とは、要は社員の集合的かつ潜在的ポテンシャルの分析です。潜在的なわけですから、成果が出るまでにタイムラグがあるのが当然です。そこをダイレクトに結び付けようとするから、ＣＨＲＯにも経営者にも、「今回の決算に間に合わせよう」といった変なプレッシャーがかかってしまう。投資家にも、目先の業績だけを見るのではなく、「優秀な人たちが集まっているのだから、環境や状況が好転すれば確実に業績も伸びてくる」という見方をする人はいるわけです。そうした人たちに響くストーリーを描けばよいのです。企業経営で大切なのはサステナビリティであって、社会の様々な変化に柔軟に対応できるかどうかが生命線。そのエンジンになるのは、やはり「人」ですよね。変化に対応できるしなやかさは「人ありき」なわけですから、ＣＨＲＯは投資家に対して、経営会議でも、「タイムラグはあっても人に先行投資する」といい切るべきだと思いますね。

キャリアオーナーシップが人的資本経営を牽引する

――人への投資が企業の成長を実現するという人的資本経営のストーリーにおいて、キャリアオーナーシップをどのように位置付けるべきでしょうか。

平松　人的資本経営が重視される背景には、ＥＳＧ投資の浸透や働き方の多様化などが挙げられますが、本質的には、人材こそが、これからの企業の競争力を左右するからだと考えています。技術進化が激しく、社会課題が複雑化する現在、ＤＸなどを通じて新たな価値を創出できなければ、ビジネスが成り立たない時代を迎えています。そうすると、価値創出の源泉である人材こそが、最大の経営資源であることは間違いありません。そうした状況下で、肝心な人材のマインドが冷え切っていたり、変化に対して受け身の姿勢であったりしては、とても成長できないわけです。

田中　全く同感で、オーナーシップのない主体性を奪われた働き方では、社員にも企業にも未来はないと思っています。あえてきつい表現をしますが、そうした働き方は、組織化の流れの中で「脱人間化」を進めるようなもの。自分から考えようとしないわけですから、これだけ激しい変化の中でパフォーマンスを維持できるわけがなく、ＡＩや機械の方がよほど的確に考えますよね。ですから、これからの企業には、社員が「人間ならでは」の強みを発揮し、主体的にコミュニケーションを取りながら、パフォーマンスを高めていくような仕組みが必要になります。どうすれば社員のモチベーションを高め、一人ひとりの可能性を広げていけるか、また、それを阻害する要因は何で、どうすれば排除できるのか、こうしたことを考えるのが人的資本経営であり、そのための環境を整えていくのがＣＨＲＯや人事部門の役割だと思っています。

平松　これまでの人事部門や経営者は、利益や生産性など測りやすい指標だけで社員を評価しがちでした。しかし、クリエイティビティとかイノベーションとか、失敗から俊敏に学んで次につなげるとか、こうした数値化しづらい特性こそ、本当に評価すべきであり、そこを伸ばせるような施策を練り、投資すべきです。私たち人事部門に求められるのは、社員が安心してチャレンジできる環境や、そのチャレンジを適正に評価する制度、チャレンジに必要な知識やスキルを学べる環境を整備するなど、社員の自主的な取り組みをサポートすることであって、そうした取り組みが社員一人ひとりの成長を後押しし、組織全体のパワーになっていくというストーリーを描いていきたいですね。

column 4

平松CHROが日本の人事部「HR アワード」を受賞

2023年10月に発表された「HRアワード2023」において、富士通の平松CHROが「企業人事部門　最優秀個人賞」を受賞しました。

HRアワードは、企業の経営者や人事担当者、研究者など28万人(2023年10月現在)の会員で構成されるナレッジコミュニティ「日本の人事部」が、厚生労働省の後援のもとに主催するもので、正会員である全国の人事パーソンの投票により、企業の成長につながる人や組織の取り組みを表彰する制度です。

【平松CHROの受賞コメント(要旨)】

当社は2019年に「IT企業からDX企業へ」という方針を掲げ、経営トップの強い決意のもと、ジョブ型人材マネジメントや、新たな働き方「Work Life Shift」を短期間で全社展開してきました。これは人事メンバーを含めた全社員が、変化への不安を乗り越え、新たな人事制度への適応に挑戦してくれたからこそであり、その点を評価いただいたことを大変うれしく思います。

人事制度改革にあたっては、社員を管理・統制するのではなく、社員と会社は「自律と信頼」でつながるという価値観を大切にしようと確認しました。その結果、社員が自律的に挑戦し、成長しようとするキャリアオーナーシップが浸透し、ポスティングやオンデマンド型教育が大幅に活性化しました。

人事部門が挑戦すべき課題には各社共通するものが多々あります。日本企業全体の活性化に向けて、これからも企業を超えた学びや事例共有に貢献していきます。

表彰を受ける平松CHRO

写真提供:『日本の人事部』(https://jinjibu.jp/)

テーマ5 富士通のCHROラウンドテーブルが導くもの

個社での取り組みにとどまらずに各社のCHROが語り合う社会的意義

――ここまで人的資本経営におけるCHROの役割について話を聞いてきましたが、富士通では2022年から2023年にかけて、各社のCHROを集めたCHROラウンドテーブルを開催し、その結果をレポートして広く公表されたことで大きな注目を集めました。改めてその狙いを教えてください。

平松　人事の施策はタイムラグがあると話したように、個々の企業で試行錯誤しているだけだと、成果が出るまでにどうしても時間がかかってしまいます。また、第1章でも述べたように、キャリアオーナーシップが高まり、企業の枠を越えて人材が流動化していくことが、産業社会全体のエネルギーになるはずです。そうしたことから、日本の産業界全体において、もっと人が成長、活躍でき、グローバルに競争力を発揮できるようにするためには、富士通だけで突っ走るよりも、各業界で影響力のある人たちとディスカッションして、実践的な人的資本経営について一緒に考え、その成果を発信していくべきではないかと考えたのです。

田中　人の課題というのは社会全体の課題でもあるので、個々の企業だけでは解決できない面があると思います。ですから、多くの企業が課題を出し合って共有し、一緒に考えるというアプローチは、すごく意義のあることだと思います。そこでポイントとなるのが、同じ役割、ポジションの人が集まること。みんな同じ方向、同じ課題を見ているわけですから、その課題に対する解決策は、ほかの企業がすでにチャレンジしたかもしれません。そうした経験値を共有し、まさに実践コミュニティとしてラーニングを回し、継続していくことは、大きな社会的インパクトが期待できます。

平松　ラウンドテーブルを開催して実感したのが、CHRO同士が語り合える場が必要だということ。CHROは人事のトップなので、社内に同じ立場の人がいません。ですからフラットな立場で、ブ

■ CHROラウンドテーブルのプログラム全体像

Kick off 2022年3月	Day 1 2022年6月	Day 2 2022年8月	Day 3 2022年9月	Day 4 2022年11月	Day 5 2023年1月
テーマ・進め方の 目線合わせ	**仮説構築・ 検証テーマの絞り込み**	**検証項目特定**	**示唆の方向性検討**	**提案内容の検討**	**提案内容の合意・ 今後に向けて**
1. 人的付加価値を高めるための取り組みと課題の共有 2. 検証テーマの検討	1. 人的資本経営に向けての各社の取り組みと課題の共有 2. 人に関わる施策と価値向上とのつながりの可視化	1. 各社の人的資本経営に関する取り組みのストーリーの検討 2. 富士通社内データの分析結果を用いたKPIの検討	1. データ分析結果を用いたストーリーの再構築 2. 各社の人的資本経営についてのストーリーの検討	「人的資本価値向上モデル」による実践と各社の人的資本経営ストーリーの再構築 1. オムロン 2. KDDI 3. 富士通	「人的資本価値向上モデル」による実践と各社の人的資本経営ストーリーの再構築 1. パナソニック 2. 丸紅 3. 今後に向けて

レスト的にアイデアを出し合ったり、ディスカッションしたりといった機会は意外と少ないです。せっかく従来の管理業務から目線を上げて、いろいろとアイデアを練ってきたので、それらを同じ目線で検討し合える場はとても大切だと思いました。また、人的資本経営がどうあるべきか、社内で社長やほかのCｘOなどと議論する際に、ファシリテーターとしての場のつくり方、討議の進め方を実体験できたことも、ラウンドテーブルの大きな意義だと思っています。「CHROという役割は与えられても、なかなか経営戦略の議論に入れない」といった悩みも聞こえてきますが、ラウンドテーブルのような機会を通じてファシリテートの経験を積み、人事として培った専門性や人事が持っているデータを駆使しながら経営層との議論をリードできるようになれば、人的資本経営をうまく推進していけるのではないかと思っています。

田中　労働人口の減少が深刻化する中で、これから本当に人が足りなくなるとの懸念が深まっています。こうした社会共通の課題に対して、企業の意思決定を担うCHROがどういう選択をしていくのかは、社会全体の関心事だといえるでしょう。もちろん、キャリアについては誰もが自分ごととして考えるべきですし、ラウンドテーブルのような取り組みを若手社員でやってもよいのですが、いざ全社の施策にしようとすると、どうしても意思決定までの道が遠くなります。その点、CHROは経営陣の一員なので、会社に持ち帰ってすぐ実践できるはずですから、今回の成果がスピーディーに社会に還元されることを期待しています。

多様な人事施策の意義を一貫したストーリーで描く「人的資本価値向上モデル」

――公開されたＣＨＲＯラウンドテーブルの成果の中でも、特に注目されたのが「人的資本価値向上モデル」です。どのようなものか、ご説明をお願いします。

平松　人的資本価値向上モデルは、各社の人的資本経営についての施策をストーリー立てて説明するためのフレームワークとして考え出したものです。詳細はぜひレポートを読んでいただきたいのですが（笑）、簡単に説明すると、人的資本経営に関する施策や取り組みを「成果を生むための取り組み」と「持続的効果を生むための取り組み」に分類して、それぞれを関連付けてモデル化したものです。各社の施策をこのモデルに落とし込み、整理することで、それぞれの施策がどのように企業価値向上につながっているのか、全体構造を捉え検討することができるという仕組みです。

田中　私が注目しているのは、このモデルが人的資本経営の具体的なメソッドを示していること。人的資本の最大化が大切だということは『人材版伊藤レポート』などでも掲げられ、経営層に浸透しつつありますが、そのための具体策まではまだまだ見えていません。人的資本を最大化させるためにはキャリアオーナーシップが必須で、ポスティングやエンゲージメントサーベイもしっかりやる、人事制度もジョブ型に変えていくなど、各社いろいろな施策を進めているわけですが、それらが社員一人ひとりのビジネスパフォーマンス最大化にどう効いてくるのかといえば、感覚的にはわかるのだけど、筋道立てて説明するのは難しかった。それがこのモデルを活用することで可能になるというのは画期的なことだと思います。

平松　ラウンドテーブルでは、このモデルを使って参加5社の施策をマッピングしてみましたが、バラバラにやっているように見えた施策が影響し合って、一連の流れでよい効果につながっていくことを、私自身、改めて理解できました。一方で、人事部門が取り組みやすい領域は手厚いものの、例えばビジネスに直結する施策など、従来の人事部門にとって難易度が高い施策は手薄になりがちなことなど、改善すべき点も発見できました。こうしたモデルを見せることで、経営層や現場の社員たち、また投資家などステークホルダーにも理解し、納得してもらえるのではないかと期待しています。実際、このモデルを公表したところ、他社のCHROや人事部門の方から「あのモデルを自社で使ってみました」といってもらえ、こうした成果を発信、共有し、日本企業全体で進歩していくことが、やはり大事なのだなと実感しました。

■人的資本経営を考える構想フレーム「人的資本価値向上モデル」

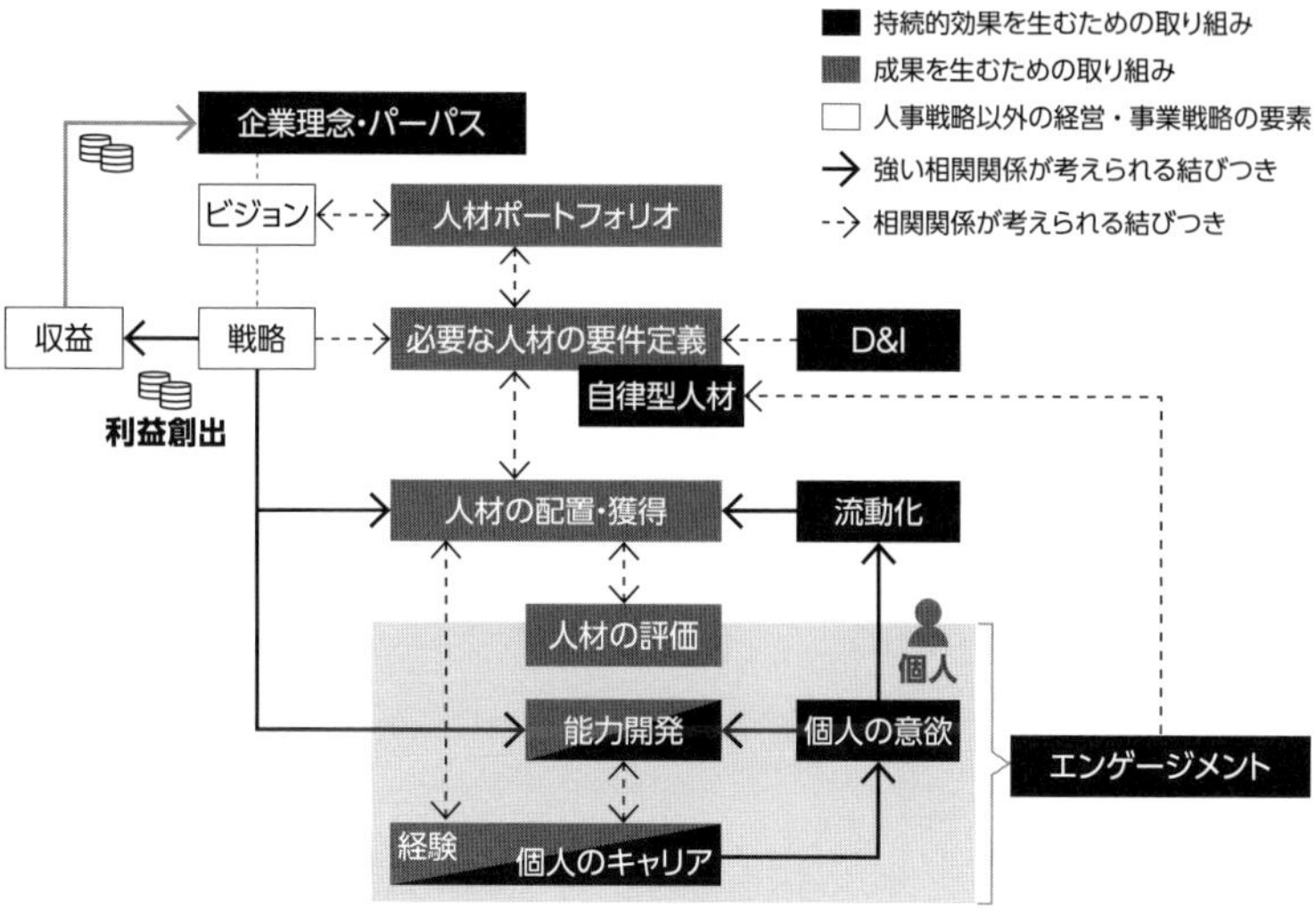

企業価値向上につながる人的資本経営の検討とストーリーの再構築

☑ 人材に関する取り組みが戦略の実現にどのように関わっているのかを伝える一貫性あるストーリーと、その裏づけとなる自社固有の KPI を特定し、それを指標として取り組みを進めていくことが重要

☑ 各社の人的資本経営を検討するにあたり、共通の構想フレーム**「人的資本価値向上モデル」**を策定

「人的資本価値向上モデル」によって見えてくるもの

☑ 経営戦略、事業戦略上、必要不可欠な人材戦略上の取り組みを**「成果を生むための取り組み」**、持続的に支えるための人材に関する取り組みを**「持続的効果を生むための取り組み」**として表記

☑ 施策間のつながりは矢印で示している。各社で取り組んでいる人事施策（「人的資本経営」に関連する取り組み）をこのモデル図に落とし込んで整理していくことで、それぞれの施策がどのように企業価値向上につながっているのか、全体構造を捉え、検討することができる

■「人的資本価値向上モデル」で描いた富士通の人的資本経営ストーリー

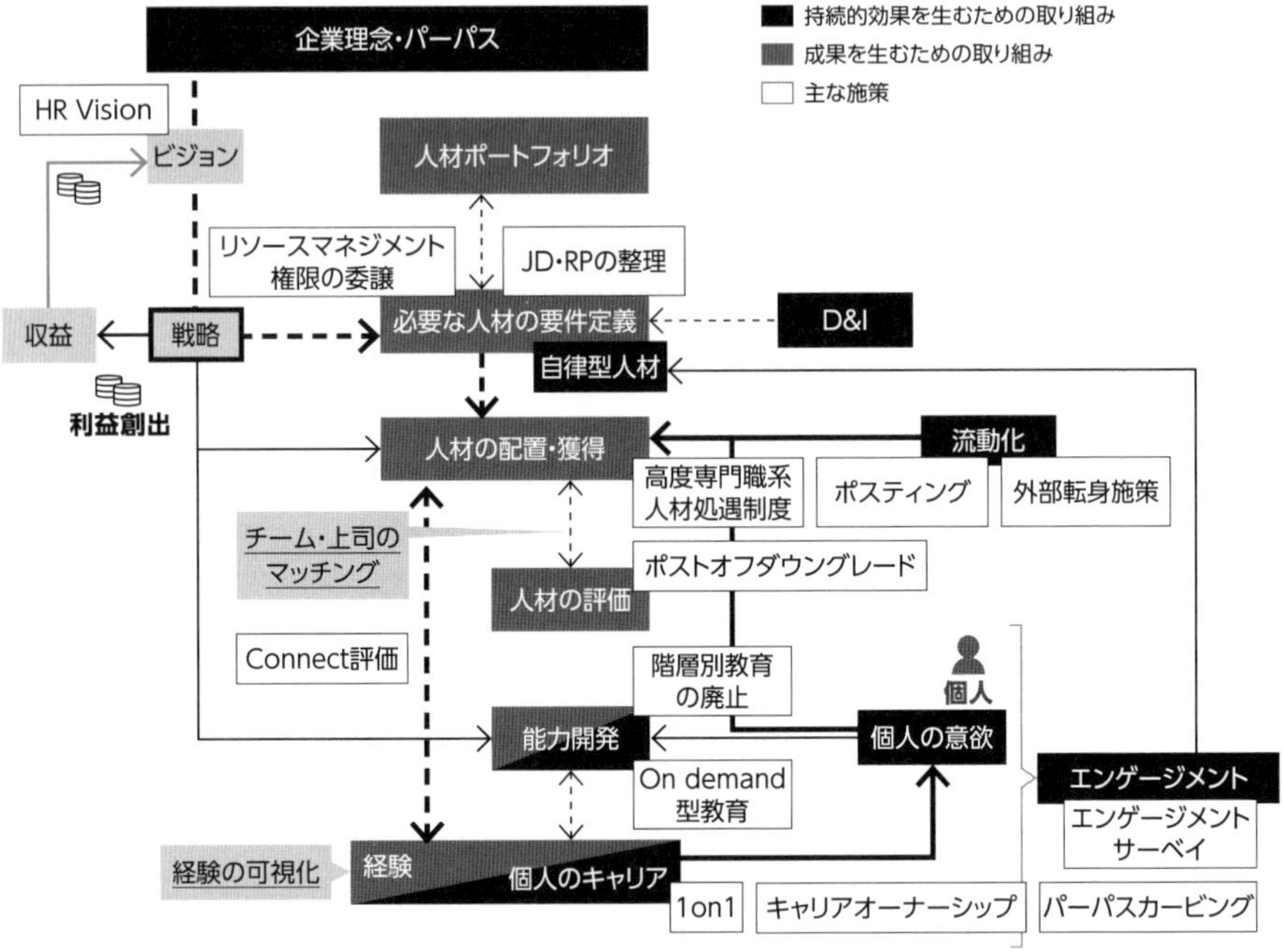

人的資本経営のストーリー

1 DX カンパニーを目指して**パーパスとHR Vision**を策定

2 **ジョブ型人材マネジメント**へ移行し「適材適所から適所適材」へ

3 3 年後の**ビジョン、事業ポートフォリオ・人材ポートフォリオ**を策定

4 人材 Gap の充足に向け、**ポスティングを拡充し社内の人材流動化**

5 同時に、採用競争力を図るため、**報酬水準の引き上げ**を実施

6 評価についても、パーパスやビジョンに対する**インパクトの大きさ**を評価する **"Connect 評価"** をグローバルに導入

7 **パーパスカービング**、**1on1** の対話を通じて富士通のパーパスやビジョンと個人のパーパスをすり合わせている

8 **キャリアオーナーシップ支援策**を拡充し、**自律型人材**を育てている

9 自らの改革を測る指標として**従業員エンゲージメント**を非財務指標に設定

データ企業の強みを活かして、人的資本経営のエビデンスを社会に発信していく

――ＣＨＲＯラウンドテーブルの成果として、もう一つ注目されたのが、データ企業ならではの強みを活かしたデータ活用です。その意義について教えてください。

平松　人的資本経営を推進するうえで大切なのは、単に各施策と成果のストーリーを描くだけではなく、裏付けとなる各社固有のＫＰＩを特定し、それを指標として取り組みを評価したり、検証したりしながら進めていくこと。そこで、ラウンドテーブルでは人事データの活用法についても議論しました。富士通には長年にわたり蓄積してきた多種多様な人事データがあり、これらを部門ごとの業績データと照らし合わせて分析することで、一定の相関関係が見えてきました。例えば、ポスティングやキャリア採用などで異動してきたメンバーの割合と、業績の伸び率には正の相関があることが判明しました。人的資本価値向上モデルを通じて「人材の流動性の高さが成長のキードライバーになる」とのストーリーを描いていましたが、その仮説がある程度裏付けられたという手応えがあり、今後も継続して検証していきたいと思っています。

田中　例えば、社員一人ひとりのエンゲージメントや心理的満足度などのデータを定点で取っていけば、様々な人事施策の実施や浸透とともに上がっていくこともわかるはずです。そしてそれが各組織や会社全体のグロースとも紐付いていくことが分析できるでしょう。こ

うしたデータの蓄積や分析による「見える化」が、次なるミッションではないでしょうか。

平松　富士通のビジネスにおいては、まさに「見える化」することがお客様に提供する価値の源泉です。これはキャリアや人的資本経営についても同じこと。社員一人ひとりが主体的にキャリアを育むことが、社員自身の、そして組織の成長につながり、またデータの裏付けを含めて「見える化」できれば、キャリアオーナーシップの浸透や人材流動の活性化につながっていくはずです。富士通は規模もあるし、データを収集し、分析する力もあるわけですから、それらを発揮して人的資本経営のエビデンスを「見える化」し、広く社会に発信していくことが、パーパス実現にもつながる社会的な役割だと思っています。

田中　従来のキャリア論では、例えば離職率などわかりやすい指標ばかりに注目しがちでしたが、これだけHRテックが発達して、人材に関するデータを把握できるようになってきたわけですから、データ分析も進化しなければならない。第1章で述べたように、キャリアとは時間軸で捉えるものですから、データ分析も時間軸、それも統計的なものではなく個人の変化を捉えるものになるべきで、それが成長の過程を「見える化」することだと思っています。キャリア形成とは子育てや介護といったライフイベントも含めたものなので、そうした要素も変数に入れながら分析する必要がある。容易ではないと思いますが、富士通ならデータ量もテクノロジーもそろっています。平松さんもいわれたように、これからのキャリア形成、働き方の未来を築くためにデータ面で貢献することが、富士通の社会的役割だと思います。

column 5

CHRO ラウンドテーブル参加者の声

富士通は、幅広い業種の企業と社会課題の解決にフォーカスした議論を行い、そこで得られた成果を広く社会へ提言していくため、2022年から各社CxOクラスの方々を集めた「CxOラウンドテーブル」を開催しています。その一環として、2022年3月から6回にわたり、パナソニックホールディングス株式会社、丸紅株式会社、KDDI株式会社、オムロン株式会社と共に実施したのが「CHROラウンドテーブル」です。

企業価値の向上につながる人的資本経営の実践に向けて、各社の経営戦略や、それに紐付く人事施策、実際の人事データに基づく仮説の検証などについて議論を重ねたことで、「人的資本価値向上モデル」をはじめとした、確かな成果に結びつきました。その結果を2023年4月に「CHRO Roundtable Report」として公開したところ、経営者や人事担当者から多くの反響があり、2023年も参加企業を変えてCHROラウンドテーブルを実施しています。

参加いただいた各社CHROのコメントから、ラウンドテーブルに確かな手応えを感じられていることがわかります。

CHRO ラウンドテーブルの討議風景

【参加者コメント（要旨）】

今の流れは、日本企業がグローバルレベルの競争力や価値創出力を取り戻すための、逃してはならない機会です。人的資本経営がバズワードに終わることなく、人材戦略を企業価値向上につなげられるよう、本質的かつ長期的に継続して取り組んでいきたい。
（パナソニック ホールディングス株式会社　三島 茂樹様）

人事課題の解決には、引き出しを多く持っておくことが大切。1社だけで悩んでいてもなかなか答えが出ないが、ラウンドテーブルを通して様々なやり方があることもわかったし、共通して大事なことも見えてきたように思う。今後も協働していきたい。

（丸紅株式会社　鹿島 浩二様）

人事という答えのない世界にいる難しさを感じていたが、競合でも他業種でも、腹を割って話せるのが人事コミュニティの素晴らしさ。人的資本経営という言葉に踊らされず、各社の取り組みを共有することで、多くのことを学べ、背中を押してもらえた。
（KDDI株式会社　白岩 徹様
現auフィナンシャルホールディングス株式会社　取締役副社長 CHRO）

本ラウンドテーブルの成果は3つ。「言語化、構造化の重要性に気付けたこと」「人の能力など、見えないものをどう可視化していくのか、核心に近づけたこと」「各社の取り組みについて、不安もさらけ出して話し合うことで、前に進む勇気がもらえたこと」

（オムロン株式会社　冨田 雅彦様）

※肩書は2024年1月現在のもの

テーマ6 キャリアオーナーシップが導く企業と社会の未来

人材一人ひとりのポテンシャルを最大化させる組織を目指してほしい

――ここまでの対話を通じて、キャリアオーナーシップを原動力に、いかに企業価値を高めていくか、人的資本経営の考え方や組織のあり方、具体的なストーリーの描き方などのヒントが得られたと思います。ここからは対談全体のまとめとして、キャリアオーナーシップや人的資本経営によって導かれる未来像について、期待も込めてお話ください。

田中　私がよく比喩で使うのが、強いスポーツチームに見られるような、試合中の局面ごとにメンバーそれぞれが柔軟に対処し、チーム全体で最大のポテンシャルを発揮するような組織を目指しましょうということ。対談の前半でも述べたように、これまでの日本企業は上意下達の指揮系統で動く管理型組織の性格が強く、そうすると指示があるまで動かないという社員が生まれがちです。そうではなく、もっと個人のパーパスに寄り添うことで企業成長を実現できるはずで、売上などの業績にも、もちろん間接的ではあるけれどもポジティブな影響を及ぼせるはずです。では、どうすればできるのか、その具体的なロールモデルを示すのが富士通をはじめ大企業の役割だと思っています。数万人規模の社員を抱える企業には、それだけ多彩な人材が集まっていて、だから富士通のようなダイナミックなトランスフォーメーションが可能になっているわけです。そういう組織体を目指して、みんなもやっていこうねというメッセージを送りたいですね。

平松　富士通のパーパスである「イノベーションによって社会に信頼をもたらし、世界をより持続可能にしていくこと」を実現する人や組織はどういうものかと考えたとき、「社内外の多才な人材が俊敏に集い、社会のいたるところでイノベーションを創出する企業」というＨＲビジョンを掲げました。ジョブ型人材マネジメントやWork Life Shiftなど各種の人事施策は、すべてこのビジョンにつな

がってくるわけですが、それらを活用して成長していく社員たちの姿を見ていると、キャリアオーナーシップを高めることが、ビジョン実現に響いているということが実感できるわけです。自分からどんどん挑戦しよう、会社や部署の目標は何だろう、そのために自分はどんな貢献ができるだろう。そんな意欲を持って主体的に活躍する人たちが増えていくことが、まさに社員のエンゲージメントを高め、会社全体を成長させるベースだと気付いたのです。

田中　改めて人と組織の関係について考えてみると、私は企業という存在が、本当に人的資本の最大化、つまり人材一人ひとりのポテンシャルを最大化させる組織であってほしいと思っています。最近では、企業に属さない働き方も広がりつつありますが、やはり多くの人にとっては、企業こそ人生の大半の時間を過ごす場所です。だから企業の経営者には、いわゆる営利だけを追求し、そのために人を雇って使い倒すのではなくて、所属する一人ひとりのポテンシャルを伸ばすことに目を向けてほしい。それがこれからの企業の社会的な役割だと思いますね。

キャリアについて、もっと自由に語り合おう

――そうした未来を実現していくために、お二人が取り組んでいきたいこと、あるいは読者一

人ひとりにできる具体的な取り組みはありますでしょうか。

田中　一ついいたいのは、もっとキャリアについて、周囲とフラットに語り合える場が必要だということ。キャリアオーナーシップについて、自分一人で考える「孤独な戦い」のようなイメージがあるようですが、実際は真逆です。対談の冒頭でも触れたように、キャリアとは周囲の関係性で捉えるものですから、もっとオープンに語り合うべきです。それができる場を作ることも企業の役割ではないかと思っています。

平松　日本社会全体で、キャリアに限らず「自分はこうありたい」みたいなことを、特に公的な場で語るのは照れ臭いという風潮はありますね。新橋の居酒屋だったら話せるけれど、オフィスだと話せないとか（笑）。それは文化というか、学生時代からの教育の影響もあるような気がします。富士通でも、もっと階層や組織の壁を越えてフラットに、フランクに語り合える場が必要だと思っていて、近年では社内SNSを活用した社内コミュニティも活性化しつつあります。※ よい意味で「みんなでやれば怖くない」という気持ちがありますから、私も率先して社内で発信し、「もっと自分のやりたいことを発言してもいい」というカルチャーを浸透させていきたいですね。

※社内SNSを活用した社内コミュニティづくりについては、当社発行の『社内SNSを活用して企業文化を変える　やわらかデザイン』で詳述しています。（Column 6 参照）

田中 以前に「ノー残業デー」があったように、月に一度「キャリアオーナーシップデー」を設けてみるのもよいですね。これを継続していけば組織文化になりますよ。キャリアを語ることは、トップから新入社員まで誰もが持つ権利だし、語るほど組織は伸びる。なぜなら主体性は人間のパワーだからです。例えば100メートル走でも、やらされていやいや走る選手と、よい結果を出そうと走り方を考えながら走る選手とでは、少なくとも伸び率においては、後者の選手が勝っていることは明らかです。働くのも全く一緒で、そこにキャリア開発の本質があると思います。

平松 日常会話だけではなく、個人のパーパ

スや成長ビジョン、キャリア戦略について、ちゃんと上司と部下とで対等の会話というか、本音の議論ができるようにしていきたいですね。例えば「今の職場では自分の成長ビジョンを実現できない」という社員がいたら、上司は頭ごなしに否定するのではなく、ポスティングへのチャレンジを促してみる。それでも合わないようであれば「だったら富士通以外の会社でのキャリアも一緒に考えてみましょう」と当たり前にいえる。そんな会社になるべきだと思っています。

田中　よく話し合ったうえで、「それでも方向性が違うなら…」みたいなことは普通に会話できるようになるべきですよね。そうした会話を常日ごろからできる会社こそ、本当に人に優しい会社、個人の価値観を大事にする会社であり、企業の魅力にもつながっていくと思いますね。

成長の可能性を「人材」に見いだせば、日本の未来は決して暗くない

――最後に、読者の皆さんに対するメッセージをお願いします。

平松　日本の未来に対して暗いイメージを持っている人が多いと思いますが、私は決してそんなことはないと思っています。なぜかというと、ここ数年間での富士通の変化を目の当たりにしてきたからです。統制された組織構造のもと足並みをそろえてやってきた企業文化

が、キャリアオーナーシップや人材の流動性を高めてオープンにチャレンジできる文化に変わりつつある。その中で、社員一人ひとりの見える景色が大きく変わってきています。そうすると、今まで抑え込まれていたものが、むしろバネのようになって、どんどん可能性が広がっていく、まさにそうしたタイミングだと感じています。サステナビリティや企業の社会的価値といった観点でいうと、日本人は社会に貢献したいという気持ちが強く、最近の若い社員からも「困っている誰かを助けられるような仕事をしたい」という声を多く聞きます。そうした気持ちをもっと思い切り発揮できるような環境を整備できれば、もっと人も組織も成長できる。未来は明るいのだから勇気を出して踏み出そうよ、というメッセージを送りたいですね。

田中　ＩＴなどで生産性を高められる環境は整っているわけですから、人材の成長速度は間違いなく上がっていきますね。今までは、いわば「階段型」、組織の中で一歩ずつ階層を上がっていくことがキャリア開発だと思われていましたが、これもある種の洗脳で、私が伝えたいのは棒高跳びのイメージ。ぐっとしなって、もっと高く、遠くまで跳べる。そのためにはレバレッジが必要で、あえて自分にプレッシャーをかけたり、難しいことにチャレンジしたり、そうすればもっともっと自由に跳べるんだよと伝えたいですね。

平松　一方で、ＣＨＲＯをはじめ、人事部門の方に伝えたいのが、人的資本経営が重視される現在というのは、もちろん役割や責任が増えて大変な面はありますが、むしろチャンスだと捉えてほしいということ。私自身、ＣＨＲＯとして様々な取り組みを進めていく中で、人材に対する投資や施策をしっかりと企業の持続的成長に紐付け、ストーリーで説明できれば、これまで以上に経営の強いコミットが得られることが、大きなやりがい、充実感になっており、まさに自分自身のオーナーシップを高めることにつながっています。

田中　それぞれの可能性を秘めた多くの社員と、数十年にわたって人生の物語を共有し、一緒に充実させていくという意味では、ＣＨＲＯや人事部門の仕事は、まさに街づくり、国づくりといえますよね。現在やっているビジネスが数十年後も残っている保証はありませんが、多くの社員は入社から30年以上一緒に働き、次のビジネスを生み出していくわけです。そこにかかわれるということは人事の醍醐味だと思うし、日本企業でしかできないことだと思います。欧米などの外資企業だと、短期的な実績で社員をジャッジする文化が根付いていますが、日本の経営者は社員が育つことを待てる。そこに日本ならではの人的資本経営のあり方や、これからのグローバル社会で存在感を発揮していくためのヒントがあるのではないでしょうか。

column 6

富士通が実践したカルチャー変革の軌跡を紹介する『社内 SNS を活用して企業文化を変える やわらかデザイン』

富士通では、IT企業からDX企業への変革を目指すうえで「企業文化の変革」を重視し、トップダウンとボトムアップの両面から様々な取り組みを推進しました。なかでも象徴的な取り組みが、社内SNS（Yammer 現Viva Engage）を駆使した組織横断型オンライン・コミュニティ「やわらかデザイン脳になろう！（略称やわデザ）」です。

環境変化への柔軟性に欠ける「カチカチ組織」から、オープンで自発的なコラボレーションが活発な「やわらか組織」への変化を目指した同コミュニティでは、幅広い部門や部署から集ったメンバー同士のつながりが、単なる社内交流にとどまらず、実際のビジネスにも波及し、数々の社内連携が生まれました。

2023年5月に当社が発行した『社内SNSを活用して企業文化を変える やわらかデザイン』では、コミュニティの誕生から成長に至る経緯を、運営側や参加メンバー、経営層、社外の賛同者まで、幅広い方々の証言を踏まえて詳細に紹介しています。

単なる体験談にとどまらず、実践を踏まえた社内コミュニティづくりのコツやノウハウも解説していますので、経営層や情報システム部門担当者、人事部門の担当者など、企業内のカルチャー変革に悩んでいる方にとっては、社内で実践するためのヒントが得られる必読の一冊です。ぜひ、本書と併読ください。

【主な内容】

- 組織横断型オンライン・コミュニティ「やわデザ」の軌跡
- 「やわデザ」を活性化させる多彩な対話型イベント
- 「やわデザ」メンバー座談会によるコミュニティの成果
- 富士通のDXプロジェクトリーダーが語る企業変革と「やわデザ」への期待
- 実践を通してノウハウ化した社内コミュニティのつくり方・育て方
- 「やわデザ」をヒントにコミュニティ活動を実践するリコー社へのインタビュー　など

終　章

個人と組織が共に
豊かな未来を創るために

本書では、人と組織の未来にとって重要なキャリアオーナーシップと人的資本経営について、対談やインタビュー、事例を交えてお伝えしてきました。一人ひとりがこれからの人生を豊かにしていくこと、個人と組織が共に未来を歩んでいくことを願って執筆しました。

この終章では、取材を通じて得られた気付きや知見をもとに、組織が個人のキャリアオーナーシップを育む意義や課題、方向性などについて、改めて整理したいと思います。

キャリアオーナーシップは個人と組織に何をもたらすのか

キャリアオーナーシップとは、「個人の自己実現」「組織の価値向上」「社会や顧客のニーズの充足」を三方よしで追求するものだと考えています。

組織とは特定の目的を達成するための集団であり、その価値創造の源泉は組織を構成する「人」です。その意味では、「個人の成長が組織や顧客、そして社会への貢献につながり、そうした貢献が個人の自己実現に還元される」というスパイラルこそが理想の姿であり、その実現のカギを握るのがキャリアオーナーシップだといえるでしょう。

個人がキャリアオーナーシップを発揮するためには、次の二つを意識して組織とかかわる必要があります。

「所属する組織の目的に納得性はあるか」

「その目的を達成するために、組織との関係性は十分に築けているか」

すでに述べたように、キャリアとは仕事だけでなく人生そのものを含むため、個人のキャリア観はライフイベントと共に変化します。組織には、転勤や結婚、出産、育児、介護など、異なる状況で働く一人ひとりと誠実に向き合うことが求められ、そうした姿勢が組織の持続的な成長にもつながります。にもかかわらず、実際の社会に浸透しているとはいえないのが現状です。

社会情勢の側面から見ると、少子高齢化や環境問題など、日本社会の抱える課題が組織の課題としても顕在化してきています。そのような状況下で、多様化や細分化、パーソナライズ化された社会や顧客のニーズにどうすれば対応できるのか、ということを多くの企業が模索しています。これはキャリアの問題についても同様で、どうすれば人と組織が協力し合える関係が実現できるのか、多くの企業が悩みを抱えています。

本来、キャリア観は一律ではなく、柔軟性や多様性があるはずです。それが、社会的あるいは時代的な背景や、産業の構造、企業の仕組みなどにより、組織が求めるキャリア観が固定化、一律化される傾向が見られます。社員として組織に残るためには、そうした組織側の用意したキャリア観に従わざるを得ず、ある意味で「諦める」「我慢する」という状況を生み出してきました。そこには同調圧力や同質性といった目に見えない力も働いていたかもしれません。こうした流れで失われてきた心理的安全性が顕在化し、組織の課題となっているのではないでしょうか。

また、所属している組織の外に目を向けてみると、様々な情報がニュースやＳＮＳなどを通じて日常的に飛び込んできます。社会全体が大きく変化し続ける中で「自分はこのままで大丈夫なのだろうか」「会社はこのまま変わらなくてもよいのだろうか」と、将来への不安を感じることも少なくないでしょう。こうした潜在的な不安感情は、気付かないうちに組織内に広がります。その結果、離職率が高くなったり、モチベーションが低下したりするなど、個人にとっても組織にとってもプラスには働きません。

「変わること」「変わらずにいること」、どちらを選択するにせよ「社会や顧客のニーズ」と「組織の存在意義（パーパスやビジョン）」と「自身のキャリアに対する価値観」を納得できる形に適合させて前に進むしかありません。それぞれが納得できる形に適応できたとき、あるいは適応しようと模索し始めたとき、一人ひとりのモチベーションは高まり、新たな能力の獲得や強化に意欲的になるのではないでしょうか。それこそがキャリアオーナーシップの発露であり、これは高い生産性を発揮するだけでなく、組織に創造性をもたらすことにつながるはずです。

環境変化に適応するために、既存の判断軸や価値基準を疑い続ける

協働や共創、オープンイノベーション、エコシステム化といったキーワードが当たり前になっている今、ＮＰＯやスタートアップ企業との協業、副業（複業）社員の増加などが象徴的な事象として顕在化してきています。社員一人ひとりに多種多様な機会があり、キャリアを醸成するための選択肢が豊富な時代が到来しているといえるでしょう。これは逆にいうと、組織内に閉じた既存のやり方だけでは、限界がきていることを意味しています。富士通に限った話ではなく、特にＤＸやデジタル化に取り組む企業については、こうした動きが加速しているのではないでしょうか。

一方で、環境変化に適応するために事業や業務に変革が求められているにもかかわらず、企業内では「やるべきだといえない」「やるべきことができない」という声をよく耳にします。一見すると、古い企業文化や体質が原因のように思われがちですが、むしろその原因は、人によって所属する組織外との接点の数や、そこから得られる情報量、関心の度合いなどが異なり、組織内で視座や視点の不一致が起こっていることではないでしょうか。

情報量や関心の度合いの差は、物事や出来事に対する自身の判断軸が陳腐化していることに気付けなかったり、誤った判断をしてしまったりすることにもつながります。また、こうした差が広がることで、組織内の関係各署に対して理解や納得を得るための時間を要し、実行に至

るまでに長い時間が必要となりがちです。「これまで培ってきた常識や関係性だけで仕事を進める組織」と「新たな行動と多様な関係性の構築を続け、新たな価値創造につなげようとする組織」とでは、変化への適応力という観点において明らかな格差が生じていくことが予測されます。

既存の判断軸や価値基準を組織全体で疑い、「やるべきことをやれる組織」への体質変化に挑んでいるかどうか。これは組織という単位だけではなく、そこに所属する個人にとっても重要なポイントです。日々の行動を振り返ってみれば、なんとなく行っている業務や、なんとなく流されている選択、無意識に他人や過去に形成された基準の中で業務が行われているケースがあるのではないでしょうか。

人は、他人の価値基準で生きることに慣れると、自分の感情を大切にしなくなります。「自分の感情を大切にする」という意識を持つことは、自分の判断軸や価値基準を強化したり、更新したりするために極めて重要なことです。また、キャリア形成においても、自分自身が納得できる道を歩んでいく助けとなることでしょう。

多様な価値観が共存し、互いに理解し合う健全な風土づくり

よりよいキャリア形成に向けて判断軸や価値基準を強化、更新するうえで、多様性が大きな

ポイントとなるのではないでしょうか。

「出戻りも大歓迎」「社外で活躍してください」といった、アラムナイや柔軟な働き方が奨励されている組織では、必然的に多様な人材が集まり、判断軸や価値基準も多様化します。そこでは異なる価値観による建設的な対立が起き、対話と議論を繰り返し、組織全体の目的や倫理観などと照らし合わせながら、全体最適につなげようとする文化が生まれます。また、判断軸や価値基準を多様化させることは、過去の慣習に縛られた意思決定や同調圧力による意思決定を防ぐ効果も期待されます。

先ほど、キャリア形成を進めていくために自分の感情を大切にすべきと述べましたが、それは自身の判断軸や価値基準を周囲に伝えることから始まります。場合によっては対立が生まれるかもしれません。そこで求められるのは、対立を受け入れるとともに、そこから一歩進んで「対立を理解する」ことではないでしょうか。一方の価値観を自分にも、もちろん相手にも押し付けるのではなく、対立の背景について対話し、それを理解することで、互いに新たな気付きを与え合うとともに、共創による新たな価値創造が導かれるでしょう。組織はこのような健全な対話風土づくりに取り組み、個人は自身の判断軸や価値基準を常によい状態に更新しておく、そうした習慣づくりが必要だと考えます。

既存の価値基準を更新するために、馴染みのある心理的に安全な場所から一歩踏み出して挑戦する「越境」によるキャリア形成も注目を浴びています。例えば、異なる部門で働いてみる、複業に挑戦してみる、NPOやスタートアップ企業に対してプロボノを行ってみる、などです。

これら新たなフィールドでの行動と経験は、新たな判断軸や価値基準をもたらします。また、経験から得た教訓や発見を組織に還元することで、自身はもちろん組織の引き出しも多様化します。一人だけではなく、組織やチームとして取り組むことで、こうした多様さは格段に増すでしょう。これもまた、組織がキャリアオーナーシップを育むメリットの一つです。

「いつもと一緒だから」「これまでそうだったから」というなんとなくの理由ではなく、経営層から一般社員に至るまで、組織の中で働く一人ひとりが多様な価値観を持ち、交錯することで、変化と成長が促進されます。個人も組織も可能性や選択肢を幅広く見据え、自身のマルチアイデンティティを受け入れることが、新しい気付きや刺激が生まれるのみならず、キャリアの豊かさにつながっていくでしょう。

「人と組織の未来を共に創る」ための一石を投じたい

「人と組織の未来を共に創る」を企業理念として掲げ、事業を展開してきた富士通ラーニングメディアでは、社員一人ひとりに「自分に何ができるのか、何が必要なのか」を主体的に考えてもらうことを大切にしています。

一方で、「人と組織が成長のスパイラルを形成する」ための仕組みや戦略を、経営戦略や事業戦略と同じレベルで重視し、構築することが、企業経営における喫緊の課題だと感じています。昨今、注目される「人的資本経営」の本質も、そこにあるのではないでしょうか。

「一人ひとりの意思（主体性）に気付くことができる」「判断軸や価値基準を疑う習慣がある」組織文化を醸成することが、キャリアオーナーシップを育みます。そして、キャリアオーナーシップを持った社員が活躍し、成長できる制度や、その活力を企業価値の向上や社会課題の解決につなげる戦略として構築、実践することが、社会における組織の価値を高めていくでしょう。

このように、キャリアオーナーシップや人的資本経営は、個人がより豊かな人生を送ること、組織がポテンシャルを最大化することにつながっていくはずです。本書が読者の皆さまのよりよいキャリア形成および組織づくりの参考となれば、大変うれしく思います。

最後に、本書の執筆にあたり企画主旨に賛同して快く取材に協力してくださった皆さまに心よりお礼申し上げます。

富士通ラーニングメディア

進化するキャリアオーナーシップ

（FPT2316）

2024年３月６日　初版発行

著作／制作　**株式会社富士通ラーニングメディア**
監修　**富士通株式会社**
法政大学キャリアデザイン学部　教授　田中研之輔

発行者　青山　昌裕

発行所　FOM《エフオーエム》出版（株式会社富士通ラーニングメディア）
〒212-0014　神奈川県川崎市幸区大宮町１番地５　JR川崎タワー
https://www.fom.fujitsu.com/goods/

印刷／製本　株式会社広済堂ネクスト
制作協力　株式会社ウララコミュニケーションズ
装丁デザイン　株式会社tobufune

ISBN978-4-86775-082-7